Utilización de los resultados de una evaluación nacional del rendimiento académico

Evaluaciones nacionales del rendimiento académico

VOLUMEN 5

Utilización de los resultados de una evaluación nacional del rendimiento académico

Thomas Kellaghan
Vincent Greaney
T. Scott Murray

© 2016 Banco Internacional de Reconstrucción y Fomento/Banco Mundial
1818 H Street NW, Washington, DC 20433
Teléfono: 202-473-1000; Internet: www.worldbank.org

Algunos derechos reservados

1 2 3 4 19 18 17 16

La presente obra fue publicada originalmente por el Banco Mundial en inglés en 2009, con el título *Using the Results of a National Assessment of Educational Achievement*. Vol. 5 of *National Assessments of Educational Achievement*. En caso de discrepancias, prevalecerá el idioma original.

El presente documento ha sido realizado por el personal del Banco Mundial, con aportaciones externas. Las opiniones, las interpretaciones y las conclusiones aquí expresadas no son necesariamente reflejo de la opinión del Banco Mundial, de su Directorio Ejecutivo ni de los países representados por este. El Banco Mundial no garantiza la exactitud de los datos que figuran en esta publicación. Las fronteras, los colores, las denominaciones y demás datos que aparecen en los mapas de este documento no implican juicio alguno, por parte del Banco Mundial, sobre la condición jurídica de ninguno de los territorios, ni la aprobación o aceptación de tales fronteras.

Nada de lo aquí contenido constituirá ni podrá considerarse una limitación ni una renuncia de los privilegios y las inmunidades del Banco Mundial, todos los cuales están reservados específicamente.

Derechos y autorizaciones

Esta publicación está disponible bajo la licencia Creative Commons Reconocimiento 3.0 IGO (CC BY 3.0 IGO): http://creativecommons.org/licenses/by/3.0/igo. La licencia Creative Commons Reconocimiento permite copiar, distribuir, comunicar y adaptar la presente obra, incluso para fines comerciales, con las siguientes condiciones:

Cita de la fuente. La obra debe citarse de la siguiente manera: Kellaghan, Thomas, Vincent Greaney y T. Scott Murray. 2016. *Evaluaciones nacionales del rendimiento académico*. Volumen 5: *Utilización de los resultados de una evaluación nacional del rendimiento académico*. Washington, DC: Banco Mundial. DOI: 10.1596/978-1-4648-0751-0. Licencia: Creative Commons Reconocimiento CC BY 3.0 IGO.

Traducciones. En caso de traducirse la presente obra, la cita de la fuente deberá ir acompañada de la siguiente nota de exención de responsabilidad: "La presente traducción no es obra del Banco Mundial y no deberá considerarse traducción oficial de este. El Banco Mundial no responderá por el contenido ni los errores de la traducción".

Adaptaciones. En caso de que se haga una adaptación de la presente publicación, la cita de la fuente deberá ir acompañada de la siguiente nota de exención de responsabilidad: "Esta es una adaptación de un documento original del Banco Mundial. Las opiniones y los puntos de vista expresados en esta adaptación son exclusiva responsabilidad de su autor o de sus autores y no son avalados por el Banco Mundial".

Contenido de terceros. Téngase presente que el Banco Mundial no necesariamente es propietario de todos los componentes de la obra, por lo que no garantiza que el uso de dichos componentes o de las partes del documento que son propiedad de terceros no violará los derechos de estos. El riesgo de reclamación derivado de dicha violación correrá por exclusiva cuenta del usuario. Si se desea reutilizar algún componente de esta obra, es responsabilidad del usuario determinar si debe solicitar autorización y obtener dicho permiso del propietario de los derechos de autor. Como ejemplos de componentes se puede mencionar los cuadros, los gráficos y las imágenes, entre otros.

Toda consulta sobre derechos y licencias deberá enviarse a la siguiente dirección: Publishing and Knowledge Division, The World Bank, 1818 H Street NW, Washington, DC 20433, USA; fax: 202-522-2625; correo electrónico: pubrights@worldbank.org.

ISBN (edición impresa): 978-1-4648-0751-0
ISBN (edición electrónica): 978-1-4648-0752-7; 978-0-8213-7929-5 (inglés) 978-0-8213-7966-0
DOI: 10.1596/978-1-4648-0751-0

Diseño de la portada: Naylor Design, Washington DC

ÍNDICE

PRÓLOGO	xi
AGRADECIMIENTOS	xiii
SIGLAS	xv

1. FACTORES QUE INFLUYEN EN EL USO Y EL NO USO DE LOS RESULTADOS DE LAS EVALUACIONES NACIONALES ... 1
  El contexto político de una evaluación nacional ... 3
  Rendición de cuentas ... 5
  La calidad del instrumento de evaluación ... 16
  Tipo de evaluación ... 19
  Infrautilización de los resultados de la evaluación nacional ... 23
  Conclusión ... 27

2. PUBLICACIÓN DE LOS RESULTADOS DE UNA EVALUACIÓN NACIONAL: EL INFORME PRINCIPAL ... 31
  Contexto de la evaluación nacional ... 33
  Objetivos de la evaluación nacional ... 33
  Marco de la evaluación nacional ... 34
  Procedimientos para la administración de la evaluación nacional ... 35

Descripción del rendimiento en la evaluación nacional	35
Correlaciones del rendimiento	40
Cambios en el rendimiento a través del tiempo	46
Conclusión	49

3. PUBLICACIÓN DE LOS RESULTADOS DE UNA EVALUACIÓN NACIONAL: OTROS INSTRUMENTOS PARA COMUNICAR LOS RESULTADOS — 51

Hoja de especificaciones del producto	52
Informar a los ministros y a los funcionarios responsables de las políticas	53
Publicar informes resumidos	55
Publicar informes técnicos	58
Publicar informes temáticos	58
Promover reportes periodísticos	62
Emitir comunicados de prensa	63
Celebrar conferencias de prensa	65
Realizar sesiones informativas individuales	68
Publicar informes en páginas web	69
Poner los datos de la evaluación a disposición pública	71
Otros instrumentos de divulgación	72
Conclusión	73

4. TRADUCIR LOS RESULTADOS DE LA EVALUACIÓN EN POLÍTICAS Y MEDIDAS — 75

Capacidad institucional para asimilar integrar y usar la información	76
Veracidad y relevancia de la información suministrada por una evaluación	77
Procedimientos para identificar la política o medida apropiada después de una evaluación	78
Determinar el ámbito de aplicación de una intervención	81
Complejidad de la formulación de políticas y la toma de decisiones	82
Conclusión	84

5. RESULTADOS DE LAS EVALUACIONES NACIONALES, POLÍTICAS Y GESTIÓN EDUCATIVA — 87

Descripción del rendimiento académico	88
Descripción de los recursos	89
Seguimiento del rendimiento académico	90

Revisión del sistema educativo ... 93
Formulación de políticas generales y asistencia en la toma
de decisiones ... 93
Establecimiento de normas ... 98
Suministro de recursos para las escuelas ... 99
Apoyo a la revisión de los currículos ... 101
Revisión de los libros de texto ... 104
Conclusión ... 105

6. LOS RESULTADOS DE LAS EVALUACIONES NACIONALES Y LA ENSEÑANZA ... 107
Desarrollo profesional de los docentes ... 108
Enfoque centrado en la enseñanza en la escuela y en la clase ... 120
Conclusión ... 135

7. LOS RESULTADOS DE LA EVALUACIÓN NACIONAL Y EL CONOCIMIENTO PÚBLICO ... 139
Ejemplos del uso de los resultados de las evaluaciones
para informar a los ciudadanos ... 142
El rol de los medios de comunicación ... 143
La formulación de una estrategia de comunicación ... 144
Conclusión ... 147

8. HACIA LA OPTIMIZACIÓN DEL USO Y EL VALOR DE LAS EVALUACIONES NACIONALES ... 151
Optimización del uso de los resultados de las evaluaciones
nacionales ... 153
Desarrollar evaluaciones nacionales para incrementar su valor ... 156
Conclusión ... 163

REFERENCIAS ... 165

RECUADROS
1.1 Cuestiones que puede dar a conocer una evaluación nacional ... 2
1.2 Evaluación del rendimiento con pruebas limitadas ... 9
1.3 El efecto negativo de las modalidades de rendición de cuentas
con altas consecuencias ... 11
1.4 Reparto de responsabilidad por el rendimiento estudiantil ... 15
1.5 Traslado de la culpa por el fracaso escolar ... 15
1.6 Dos usos de los datos provenientes de una evaluación
internacional ... 23

1.7	Alcance de la utilización de los resultados de la evaluación nacional, Honduras	24
3.1	Informe resumido del nivel de rendimiento en lectura de los alumnos de 4.º grado del estado de Illinois en la NAEP de 2007: EE. UU.	56
3.2	Sugerencias para aplicar el enfoque de PISA a la enseñanza y el aprendizaje de las matemáticas: Irlanda	57
3.3	Fragmento de un comunicado de prensa, NAEP: EE. UU.	66
3.4	Modelo de un comunicado de prensa: EE. UU.	67
3.5	Página web, rendimiento en matemáticas en escuelas primarias: Irlanda	69
3.6	Mapa del sitio, página web de la NAEP: EE. UU.	70
5.1	Uso de los resultados de las evaluaciones para promover reformas: República Dominicana	95
5.2	Mitos sobre la educación en los Estados Unidos	96
6.1	Ítem de coincidencia de valor posicional: Pakistán	113
6.2	Utilización de los resultados de una evaluación nacional para mejorar la formación del profesorado: Minas Gerais, Brasil	117
6.3	Características principales de un programa de formación continua de docentes basado en los resultados de una evaluación nacional: Uruguay	118
6.4	Extracto de un cartel publicado después de una evaluación nacional: Uganda	121
6.5	Ítem de matemáticas	123
6.6	Recomendaciones basadas en una evaluación nacional en matemáticas, 5.º grado: Irlanda	127
6.7	Temas de discusión: Resultados de la evaluación nacional y variables de la eficacia de la escuela	128
6.8	Temas de discusión: Resultados de la evaluación nacional y variables de la eficacia de los maestros	128
6.9	Temas de discusión: Resultados de la evaluación nacional y factores individuales de los estudiantes y las familias asociados al aprendizaje de los alumnos	130
7.1	Las leyes sobre la libertad de información	140
7.2	Acuerdos sobre la divulgación de los resultados de las evaluaciones nacionales: Uruguay	141
7.3	Procedimientos para optimizar el impacto de los resultados de la evaluación nacional	145
7.4	Cubierta del documento de Evaluación nacional, Etiopía	148

FIGURAS

2.1	Habilidades de lectura y estrategias, y puntajes de corte de 4.° grado, según puntos de referencia, para la Escala de Comprensión Lectora Combinada, PIRLS, 2001	38
2.2	Porcentajes de alumnos de sexo masculino y femenino que alcanzan el mayor grado de conocimiento en la Evaluación Nacional, 4.° grado, por área curricular: Sri Lanka	41
2.3	Porcentajes de alumnos que miran televisión durante períodos de distinta duración, por sexo y puntaje de lectura promedio: Kuwait	41
2.4	Diferencias regionales en el rendimiento, 4.° grado: Etiopía	43
2.5	Representación de la media de los puntajes de la prueba de lectura de los alumnos frente a la cantidad de libros en el hogar, 1.° y 5.° grado: Irlanda	45
2.6	Tendencias de los puntajes promedio de la escala de lectura de alumnos de 9, 13 y 17 años, NAEP, 1971-2004: Estados Unidos	46
2.7	Media de porcentaje de los puntajes correctos de los ejes de contenidos en matemáticas, Evaluación nacional, 5.° grado, 1999 y 2004: Irlanda	47
2.8	Media de porcentaje de los puntajes correctos en habilidades matemáticas, Evaluación nacional, 5.° grado, 1999 y 2004: Irlanda	48
3.1	Las puntuaciones medias de lectura por escala según el grupo racial o étnico, NAEP, 4.° grado, 2005: EE. UU.	61
6.1	Distribución de la puntuación en lectura de alumnos y maestros: Vietnam	112
6.2	Evaluación nacional de matemáticas en Vietnam para 5.° grado. Correlación entre la media de la puntuación provincial entre profesor y estudiante	115
6.3	Factores que afectan al rendimiento: Uganda	136

TABLAS

1.1	Causas de la infrautilización de los resultados de las evaluaciones nacionales; medidas para abordar la infrautilización y agentes responsables de dichas medidas	25
2.1	Puntajes medios (y errores estándar) de los niños y las niñas en una evaluación nacional de lengua y matemáticas	32

2.2	Puntajes medios (y errores estándar) y puntajes con distintos rangos de percentil en una evaluación nacional de ciencias, por provincia	32
2.3	Media de puntajes de rendimiento (y errores estándar) en una evaluación nacional administrada en dos ocasiones	33
2.4	Correlación entre la media por escuela de los puntajes de rendimiento en lectura y los factores escolares en una evaluación nacional de 5.° grado	33
2.5	Porcentajes de alumnos que alcanzaron los niveles de competencia mínimos y deseados en las pruebas de comprensión lectora, aritmética y habilidades para la vida diaria: Mauricio	36
2.6	Niveles de rendimiento en matemáticas de la NAEP, 4.° grado: Estados Unidos	37
2.7	Niveles de habilidades de lectura de 5.° grado en la Evaluación Nacional: Vietnam	39
2.8	Puntajes medios en matemáticas, 8.° grado, por grupo racial, Sudáfrica	42
2.9	Puntajes medios en la evaluación nacional del idioma nepalí, 5.° grado, por región: Nepal	42
3.1	Informe técnico: contenido sugerido	59
5.1	Porcentajes de escuelas que poseen determinadas instalaciones escolares básicas: Kenia	90
5.2	Porcentajes de escuelas que poseen instalaciones escolares, 1990–2002: Malaui	91
5.3	Países seleccionados que utilizaron los resultados de las evaluaciones nacionales en la revisión del sistema de educación	94
5.4	Clasificación de estudiantes de 4.° grado calificados como competentes o por encima de ese nivel en las evaluaciones estatales y nacionales, 2005: Estados Unidos	99
6.1	Porcentajes de estudiantes cuyos maestros informaron que estaban preparados para enseñar matemáticas, datos TIMSS, 8.° grado	111
6.2	Porcentaje de puntuación de los maestros en cada nivel de competencia en matemáticas: Mozambique	114
6.3	Porcentaje de alumnos que respondió correctamente a los ítems de una evaluación de matemáticas: Columbia Británica, Canadá	122

PRÓLOGO

Más que los años de escolarización, es el aprendizaje —o la adquisición de habilidades cognitivas— lo que mejora la productividad y las ganancias de las personas, produciendo un incremento del ingreso agregado de la economía. Se ha demostrado, por ejemplo, que un incremento de la desviación estándar en los puntajes de los estudiantes en las evaluaciones internacionales de competencia en lectoescritura y matemáticas se asocia a un incremento del 2 por ciento en las tasas de crecimiento anual del PIB per cápita.

Cada vez más se reconoce la necesidad de medir los resultados del aprendizaje estudiantil, no solo para realizar un seguimiento del éxito del sistema escolar sino también para mejorar la calidad de la educación. La información sobre el rendimiento estudiantil puede usarse para respaldar múltiples políticas educativas, entre ellas el diseño y la implementación de programas para mejorar la enseñanza y el aprendizaje en las aulas, la identificación de alumnos con dificultades para que puedan obtener el apoyo que necesitan, y la provisión de asistencia y formación técnica apropiada a los docentes y las escuelas con bajo rendimiento.

El uso de los resultados de la evaluación para mejorar el aprendizaje de los estudiantes es un reto de importancia fundamental para los países en desarrollo. Pocos de estos países miden los niveles de aprendizaje estudiantil con regularidad o de manera sistemática, y los que lo hacen tienden a no utilizar los resultados para respaldar sus políticas educativas. Sin embargo, lo cierto es que contar con mejores políticas educativas posibilita un aumento significativo de las habilidades cognitivas. Si los países en desarrollo desean de verdad lograr una educación para todos, necesitarán ayuda tanto para medir sus niveles de aprendizaje estudiantil como para hallar maneras de traducir esa información en políticas y prácticas educativas efectivas.

Este libro será una valiosa herramienta de apoyo a esos esfuerzos. Por primera vez, reúne gran parte de las investigaciones existentes sobre lo que funciona realmente a la hora de traducir los datos de las evaluaciones nacionales en información práctica y sobre el modo de reunir a las partes interesadas para debatir en torno a esta información a fin de mejorar la calidad de la educación y el aprendizaje estudiantil. El libro pretende promover el reconocimiento del valor de los datos nacionales en el aprendizaje estudiantil y ayudar a los países a explotar al máximo la información generada por sus evaluaciones.

Elizabeth King
Directora de Educación
Red sobre Desarrollo Humano del
Banco Mundial

AGRADECIMIENTOS

Un equipo liderado por Vincent Greaney (consultor, Red sobre Desarrollo Humano, Grupo de Educación, Banco Mundial) y Thomas Kellaghan (Centro de Investigación Educativa, St. Patrick´s College, Dublín) ha preparado la serie de libros *Evaluaciones nacionales del rendimiento académico*, de la cual este es el quinto volumen. Han colaborado también en esta serie: Sylvia Acana (Junta Nacional de Exámenes de Uganda), Prue Anderson (Consejo Australiano de Investigación Educativa), Fernando Cartwright (Consejo Canadiense sobre Aprendizaje), Jean Dumais (Dirección General de Estadísticas de Canadá), Chris Freeman (Consejo Australiano de Investigación Educativa), Hew Gough (Dirección General de Estadísticas de Canadá), Sara Howie (Universidad de Pretoria), George Morgan (Consejo Australiano de Investigación Educativa), T. Scott Murray (Dirección General de Estadísticas de Canadá e Instituto de Estadística de la UNESCO), y Gerry Shiel (Centro de Investigación Educativa, St. Patrick's College, Dublín).

El trabajo se llevó a cabo bajo la dirección general inicial de Ruth Kagia, directora de educación, su sucesora Elizabeth King y Robin Horn, director de la Red sobre Desarrollo Humano del Grupo de Educación, todos ellos del Banco Mundial. Robert Prouty inició el proyecto y lo dirigió hasta agosto de 2007. Marguerite Clarke se hizo cargo del proyecto en las etapas posteriores de revisión y publicación. Agradecemos las aportaciones del revisor externo, Al Beaton (Boston

College). Proporcionaron útiles comentarios adicionales Patricia Arregui, Luis Benveniste, Marguerite Clarke, Shobana Sosale y Emiliana Vegas. Recibimos valiosas aportaciones y apoyo por parte de David Harding, Aidan Mulkeen y Myriam Waiser. Nuestro agradecimiento especial se hace extensivo a Hilary Walshe, del Centro de Investigación Educativa, que mecanografió el original, y a Mary Rohan, que facilitó el trabajo.

Agradecemos a las siguientes personas y organizaciones el permiso concedido para reproducir material en el texto: Sylvia Acana, Martin Ackley, Abdulghani Al-Bazzaz, Aisha Al-Roudhan, Patricia Arregui, Centro de Servicios Educativos y de Desarrollo (Katmandú), Centro de Investigación Educativa (Dublín), Agencia de Garantía de la Calidad de la Educación y Exámenes de Etiopía, Consejo de Exámenes de Lesotho, Lucien Finette, Zewdu Gebrekidan, Laura Gregory, Cynthia Guttman, Sarah Howie, Asociación Internacional para la Evaluación del Rendimiento Académico, Tirth Khaniya, Junta de Exámenes de Mauricio, Claudia McLauchlan, Junta Estatal de Educación de Michigan, Centro Nacional de Estadísticas Educativas del Departamento de Educación de EE. UU., Centro Nacional de Investigación y Evaluación Educativa (Colombo, Sri Lanka), Bob Prouty, Organización de las Naciones Unidas para la Educación, la Ciencia y la Cultura (*Informe de Seguimiento de la EPT en el Mundo*), Matseko C. Ramokoena, Rebecca Ross, Maureen Schafer, Bert Stoneberg, Sadia Tayyab y Hans Wagemaker.

Janet Sasser y Paola Scalabrin, de la Oficina del Editor del Banco Mundial, coordinaron el diseño, la edición y la producción del libro. El Fondo Fiduciario de Irlanda para la Educación, el Programa de Asociación Banco-Países Bajos, el Centro de Investigación Educativa (Dublín) y el Consejo Australiano para la Investigación Educativa han respaldado generosamente la preparación y publicación de esta serie.

SIGLAS

CONFEMEN	Conferencia de Ministros de Educación de los Países de Habla Francesa
IEA	Asociación Internacional para la Evaluación del Rendimiento Educativo
MEAP	Programa de Evaluación Educativa de Michigan
NAEP	Evaluación Nacional del Progreso Educativo (Estados Unidos)
PASEC	Programa de análisis de los sistemas educativos de la CONFEMEN
PIRLS	Estudio sobre el Progreso Internacional de la Competencia en Lectura
PISA	Programa para la Evaluación Internacional de Alumnos
SACMEQ	Consorcio del África Austral y Oriental para el Monitoreo de la Calidad de la Educación
SIMCE	Sistema de Medición de la Calidad de la Educación (Chile)
TIMSS	Estudio Internacional de Tendencias en Matemáticas y Ciencias

CAPÍTULO

FACTORES QUE INFLUYEN EN EL USO Y EL NO USO DE LOS RESULTADOS DE LAS EVALUACIONES NACIONALES

Los principales objetivos de una evaluación nacional, tal como se establece en el volumen 1 de la presente serie, *Evaluación de los niveles nacionales de rendimiento académico*, son: determinar (a) qué tal progresan los estudiantes en el sistema educativo (en relación a las expectativas generales, los objetivos del currículo, y la preparación para la educación posterior y para la vida); (b) si hay información de particulares fortalezas y debilidades en el conocimiento y habilidades de los estudiantes; (c) si el desempeño de subgrupos particulares de la población es deficiente; (d) qué factores se asocian al rendimiento estudiantil; (e) si se alcanzan los estándares de los gobiernos en relación a la provisión de recursos; y (f) si los rendimientos de los estudiantes cambian con el tiempo (Greaney y Kellaghan, 2008). Para alcanzar dichos objetivos, se recopilan datos de los estudiantes y de otros sectores interesados del sistema educativo a través de procedimientos establecidos por las ciencias sociales. Tal recopilación de datos sirve para hacer más transparentes los resultados de la gestión y de la práctica educativas; y tiene el propósito final de proporcionar al personal del sistema información diseñada para mejorar su práctica (Ferrer, 2006).

La prueba del logro de los objetivos de una evaluación nacional tiene implicaciones para evaluar importantes aspectos acerca de cómo funciona un sistema educativo en cuanto a acceso, calidad, eficiencia y equidad (Braun y otros, 2006) (véase el recuadro 1.1). La evaluación seguramente concluirá que estas cuestiones están interrelacionadas. En muchos sistemas educativos, las escuelas de bajo rendimiento suelen atender a estudiantes que provienen de contextos desfavorecidos o a grupos minoritarios; recibir el más bajo nivel de recursos (por ejemplo, los libros de texto pueden llegar tarde, en el caso de que lleguen); y tienden a tener dificultades para atraer a maestros debido a su localización aislada o por razones de etnia o de lengua. Claramente, toda información que una evaluación nacional pueda proveer acerca de estas cuestiones debería ser de interés para gran diversidad de actores: políticos, administradores educativos, docentes, formadores de docentes, diseñadores de currículos, padres, empleados y público en general.

Los libros precedentes de esta serie describen cómo se obtiene la información acerca del rendimiento estudiantil y cómo se diseñan los instrumentos de recopilación de información y las variables de los mismos; cómo se selecciona una muestra de estudiantes para

---

RECUADRO 1.1

Cuestiones que puede dar a conocer una evaluación nacional

Acceso. Obstáculos para asistir a clases, tales como una limitada disponibilidad de vacantes o distancia entre el hogar de los estudiantes y la escuela.

Calidad. La calidad de los insumos y productos de la escolarización, tales como los recursos e instalaciones para dar soporte al aprendizaje (currículo receptivo, competencia docente, libros de texto); prácticas docentes; interacción estudiante-docente; y aprendizaje de los estudiantes.

Eficiencia. Uso óptimo de los recursos humanos y financieros, reflejado en el coeficiente alumno/maestro, el rendimiento de los estudiantes y las tasas de repetición de curso.

Equidad. Oferta de oportunidades educativas a los estudiantes y consecución de la paridad de logro estudiantil, independientemente de sus características, tales como sexo, idioma o grupo étnico y localización geográfica.

Fuente: basados en Braun y otros 2006.

representar los rendimientos del sistema educativo en su conjunto (o una parte de este claramente definida, tal como los estudiantes de 4.° grado o los estudiantes de 4 o de 11 años de edad); qué procedimientos se deben seguir para recopilar y depurar los datos; y qué métodos pueden utilizarse para analizarlos. El presente libro centra su atención en la redacción de informes y en el uso de los datos obtenidos en una evaluación nacional con el objetivo final de mejorar la calidad del aprendizaje de los estudiantes. Está destinado a dos tipos principales de lectores: (a) aquellos que tienen responsabilidad en la preparación de informes de evaluación y en la comunicación y la divulgación de los resultados y (b) los usuarios de esos resultados.

El presente capítulo introductorio aborda cinco cuestiones: Primero, describe aspectos del contexto político en el que se lleva a cabo la evaluación nacional y sus implicaciones para el uso de los resultados de la evaluación. Segundo, examina la cuestión de la rendición de cuentas, que es una preocupación central de muchas administraciones gubernamentales y a la cual se han relacionado estrechamente las actividades de evaluación nacional. Tercero, observa que la calidad de los instrumentos utilizados en una evaluación nacional para obtener información relacionada con el aprendizaje de los estudiantes (conocimiento, habilidades, actitudes y hábitos que los estudiantes adquirieron como resultado de su escolarización) es de crucial importancia para el uso de los resultados con el fin de mejorar el aprendizaje. Cuarto, considera cómo las características de una evaluación nacional (basada en el censo, el muestreo o internacional) afecta el modo en el que los resultados pueden utilizarse. Por último, esboza las posibles razones de la falta de uso de los resultados de la evaluación nacional.

EL CONTEXTO POLÍTICO DE UNA EVALUACIÓN NACIONAL

Aunque una evaluación nacional puede asemejarse mucho a otra en diversos aspectos, lo cierto es que existen diferencias entre las evaluaciones que repercuten en su uso. Las diferencias en el diseño, la implementación y el uso surgen del hecho de que una evaluación es un hecho político (así como técnico), que refleja la agenda, las tensiones, las normas institucionales y la naturaleza de las relaciones de poder entre los actores políticos. Identificar el contexto político en el que se lleva a cabo la evaluación puede contribuir a explicar las diferencias entre países en sus estrategias de evaluación (Benveniste, 2002). Incluso dentro de los Estados Unidos, los sistemas de rendición de cuentas difieren entre estados, reflejando decisiones administrativas y tradiciones que han evolucionado a lo largo del tiempo (Linn, 2005b).

El rol de la evaluación (y su análisis) en el ejercicio del control y del poder en asuntos educativos tiene varias facetas. En primer lugar, la evaluación se origina en un proceso político, a menudo inspirado y moldeado por motivaciones políticas. Segundo, la forma de una evaluación será el resultado de una competición entre actores sociales que se disputan su influencia en la determinación de las normas y los valores a los que el Estado estado dará preponderancia. Tercero, una evaluación puede afectar a las relaciones sociales entre, por ejemplo, gestores de la educación y maestros o entre maestros y padres. Cuarto, el control sobre la disposición e interpretación de los resultados de una evaluación proporciona autoridad para influir en política, asignación de recursos y percepción de la opinión pública. Por último, una evaluación puede atañer a mecanismos regulatorios y destinados a asegurar que los actores sociales asuman la responsabilidad, implícita o explícita, de los resultados (Benveniste, 2002).

Los actores sociales con capacidad para influir en la naturaleza de una evaluación —y el modo en el que se utilizan sus resultados— son muchos. El papel que desempeñen las políticas de poder en un país dependerá de una serie de factores, tales como:

- La medida en que las decisiones relativas a la oferta educativa (por ejemplo, financiamiento y currículo) son competencia de una gobernanza centralizada o descentralizada.
- La existencia y fuerza de instituciones informales, redes y grupos de interés especial, tanto dentro como fuera del gobierno.
- El poder de los sindicatos docentes, que pueden desempeñar un papel clave en la implementación de políticas, cuando no en su formulación.
- La participación de las agencias externas (multilaterales y bilaterales) en la sensibilización de las administraciones sobre el estado en que se hallan sus sistemas educativos y en proporcionar medios o ayuda para desarrollar la capacidad de gestionarlos.

Las implicaciones de una postura política sobre una evaluación nacional pueden ilustrarse mediante dos ejemplos (Benveniste, 2002): En Chile, el énfasis está puesto en la rendición de cuentas al público, promoviendo de ese modo la competencia de mercado, la cual se produce a raíz de la publicación de los resultados de la evaluación de escuelas individuales. Una postura bastante diferente es la representada por Uruguay, donde el Estado se hace responsable del rendimiento de los estudiantes y la oferta de los recursos requeridos para apoyar el aprendizaje de los estudiantes, especialmente el de los sectores menos privilegiados de la población.

Otro aspecto importante del contexto político en el que se lleva a cabo una evaluación nacional que tiene implicaciones en el uso de sus resultados, es la medida en la que un sistema educativo es abierto o cerrado. Algunos sistemas se han definido como "de exclusión". En estos sistemas, el acceso a información importante acerca de aspectos del sistema educativo, incluidos los resultados de la investigación, está limitado a las élites políticas o a los máximos responsables de la toma de decisiones, los cuales no permiten su difusión pública. En el extremo opuesto, en sistemas más abiertos, los esfuerzos se harán para atraer el interés de los medios, para movilizar a las fuerzas políticas, y para generar debate acerca de las cuestiones educativas (Reimers, 2003). Una posición intermedia relevante para la utilización de los datos de las evaluaciones nacionales es una en la cual la circulación de la información acerca del sistema educativo —incluyendo datos sobre el rendimiento estudiantil— si bien no está totalmente restringida, está limitada. Por ejemplo, en Uruguay los datos sobre el rendimiento estudiantil están destinados principalmente para su utilización dentro de la comunidad educativa (Benveniste, 2002).

RENDICIÓN DE CUENTAS

En las décadas recientes, los movimientos a favor de la rendición de cuentas, surgidos en respuesta a presiones políticas, sociales y económicas, adquirieron creciente importancia en las administraciones gubernamentales de muchos países. Esta sección se ocupa de la rendición de cuentas en el contexto educativo y, en particular, se concentra en las maneras en las que la interpretación del concepto afecta el uso de los datos de una evaluación nacional. Debe tenerse presente que buena parte del discurso se basa en la experiencia de los Estados Unidos y se concentra en la rendición de cuentas de las escuelas (McDonnell, 2005).

El desarrollo de los movimientos de rendición de cuentas en el sector público (incluyendo el educativo) puede relacionarse con una variedad de factores, que no son mutuamente excluyentes, y que incluyen los siguientes:

- La necesidad de administrar recursos limitados (y en algunos casos decrecientes) y de incrementar los resultados para una cantidad dada de insumos.
- El uso de ideas de planificación y administración tomadas del mundo de los negocios, particularmente aquellas relacionadas con el aseguramiento de la calidad, la satisfacción del cliente y el mejoramiento continuo (características del movimiento de la Nueva Gestión Pública y un enfoque empresarial de la administración). A su vez, tales conceptos pueden conllevar una definición del rendimiento en cuanto a resultados, el establecimiento de objetivos de rendimiento, la utilización de indicadores de rendimiento para determinar la medida en la que se alcanzan los objetivos, la implementación de planeamientos estratégicos y operacionales, y la asignación de recursos sobre la base del rendimiento.
- La introducción de mecanismos de mercado de distribución y control que incluyen esquemas de incentivos, competencia, contratación y auditoría, y el cambio de las relaciones de poder por mecanismos de autocontrol en un esfuerzo por minimizar la necesidad de vigilancia externa y para lograr que los individuos internalicen las normas, valores y expectativas de los grupos de interés y la mentalidad necesaria para gobernarse a sí mismos.
- Un movimiento hacia una práctica más basada en pruebas. Un movimiento como este requiere datos tanto para apoyar las afirmaciones de que los individuos o las instituciones se han desempeñado de manera profesional y eficiente, como para basar las decisiones que conciernen a la asignación de recursos (véase Blalock, 1999; Clegg y Clarke, 2001; Davies, 1999; Hopmann y Brinek, 2007; Kellaghan y Madaus, 2000).

Una evaluación nacional se ajusta bien a muchos de estos factores al proporcionar información estadística relativamente simple (información) acerca del sistema educativo de manera oportuna. Además, puede detectar aquellos subgrupos o unidades de población que alcanzan un determinado estándar y los que no. La información puede utilizarse para planificar y administrar —especialmente, para decidir qué es necesario hacer para mejorar la calidad o la eficacia—. También puede utilizarse para responsabilizar de forma implícita o explícita a los actores sociales, trasladándoles así la responsabilidad de realizar el cambio o el ajuste.

El énfasis en la rendición de cuentas varía a lo ancho del mundo, desarrollándose a diferentes velocidades y con diverso impacto (Hopmann y Brinek, 2007). No sorprende, entonces, que los propósitos y objetivos de muchas evaluaciones nacionales —particularmente en los países en desarrollo— o en el modo en que tales evaluaciones encajan en un sistema de rendición de cuentas, pueden no estar muy claros. En una situación en que las políticas de rendición de cuentas no se hayan desarrollado adecuadamente, es poco probable que los resultados de una evaluación nacional tengan mucha incidencia (Hopmann y Brinek, 2007). Sin embargo, parece necesario por lo menos un reconocimiento implícito de la rendición de cuentas, si se pretende hacer uso de los resultados de la evaluación. De lo contrario, ¿cómo se tomarán las decisiones acerca de las medidas que se deben adoptar luego de una evaluación nacional y acerca de los individuos o instituciones que las ejecutarán?

Asignar responsabilidades entre los múltiples actores de un sistema tan complejo como el educativo no es un asunto trivial. Merecen particular atención en esta tarea seis preguntas que pueden contribuir a aclarar estos asuntos, en particular cuando los resultados de una evaluación nacional se utilizan para responsabilizar a las escuelas y los docentes.

¿Debería una rendición de cuentas enfocarse en los resultados?

Centrar la atención en los resultados de la educación —en particular, el aprendizaje de los estudiantes— puede justificarse por el reconocimiento formal de que muchos niños pasan un considerable tiempo en la escuela sin adquirir conocimiento útil ni habilidades, y por la preocupación que ello suscita. La necesidad de asegurar que los niños realmente aprendan como resultado de sus experiencias educativas fue subrayada durante la Conferencia Mundial sobre la Educación para Todos que se celebró en Jomtien, Tailandia, en 1990 (UNESCO, 1990) y nuevamente en el Marco de Acción de Dakar (UNESCO, 2000).

Sin embargo, utilizar los datos de los resultados de la educación como la única base para la rendición de cuentas es perder de vista el hecho de que los aspectos de la provisión de recursos (por ejemplo, edificios escolares, currículo, materiales educativos, técnicas de instrucción de los maestros y actividades preparatorias) también son relevantes para evaluar la calidad. Estos factores son importantes aunque solo se deba a que la calidad del aprendizaje de los estudiantes depende de ellas. "No se puede esperar que los estudiantes sean competentes a menos, y hasta tanto, que el contenido y el proceso de la instrucción recibida en las aulas los prepare para ello" (Haertel y Herman, 2005: 21).

¿Debería un sistema de rendición de cuentas enfocarse en los resultados cognitivos?

Probablemente la mayoría de las personas estarían de acuerdo con que la escolarización tiene varios propósitos—algunos, personales (por ejemplo, el desarrollo cognitivo, moral y social de los estudiantes), otros, sociales (por ejemplo, promover la cohesión social o la construcción de la nación). La mayoría probablemente estaría de acuerdo también con la afirmación de que los resultados cognitivos son preeminentes y, además, con la afirmación de que los conocimientos en lectoescritura y aritmética mensurados en todas las evaluaciones nacionales son necesarios como fundamentos para el posterior progreso educativo de los estudiantes. Sin embargo, a los fines de la rendición de cuentas sería difícil considerar satisfactorio que una confianza total en estas mediciones resultara en un descuido de otros resultados valiosos de la escolarización relacionados con actitudes, valores, motivación, aspiraciones, autoconcepto, habilidad para trabajar en grupo, habilidades para la presentación oral y socialización. Los empleadores y economistas identificaron que muchos de estos resultados (a menudo descritos como *habilidades sociales*) son muy importantes para obtener empleo (Cheng y Yip, 2006).

¿Debería un sistema de rendición de cuentas basarse en el único parámetro del rendimiento estudiantil?

En la mayoría de las evaluaciones nacionales, se utiliza una única prueba (aunque pueda tener una serie de formularios) para evaluar la competencia de los estudiantes en un área curricular específica (por ejemplo, matemáticas o ciencias). De este modo, surge una pregunta: incluso si se acepta que el rendimiento cognitivo de los estudiantes es un criterio legítimo para verificar la calidad de la escolarización, ¿es razonable basar la evaluación de tal calidad (y una posible asignación de responsabilidad) sobre la única medida del desempeño de los estudiantes de uno o dos grados?

Parecería que la respuesta es no. Una prueba solo puede proporcionar una limitada cantidad de información acerca del rendimiento estudiantil (véase el recuadro 1.2). Una imagen precisa del aprendizaje estudiantil, ya sea que el aprendizaje se evalúe a nivel nacional o a nivel de la escuela individual, requiere de múltiples medidas de rendimiento (Guilfoyle, 2006).

Si una prueba se limita a ítems de respuesta múltiple, es probable que surjan otros problemas, porque es sumamente difícil, utilizando ese formato, medir habilidades cognitivas de alto nivel.

RECUADRO 1.2

Evaluación del rendimiento con pruebas limitadas

"Cualquier sistema que haga depender la evaluación de toda una escuela de la puntuación promedio de una prueba administrada a un grupo de estudiantes de un solo grado no puede esperar evaluar con precisión esa escuela".

Fuente: Guilfoyle 2006: 13.

¿Debería el desempeño alcanzado en una evaluación nacional comportar sanciones?

Una decisión clave respecto del uso de los resultados de las evaluaciones nacionales es si el desempeño del estudiante debería conllevar sanciones. Aunque luego de una evaluación pueda esperarse alguna atribución de responsabilidad, aunque no se la reconozca explícitamente, eso no implica necesariamente que se apliquen sanciones. Sin embargo, en algunas evaluaciones nacionales se aplican sanciones, generalmente a las escuelas, a los maestros y, en algunos casos, a los estudiantes. Pueden encontrarse ejemplos de tales instancias en la evaluación del currículo nacional en Inglaterra, la cual se introdujo principalmente como herramienta para la rendición de cuentas, y en varias evaluaciones a nivel estatal en los Estados Unidos. En tales casos, una evaluación se convierte en una actividad de tipo altas consecuencias para las escuelas, con una variedad de premios o castigos para el desempeño estudiantil. Las escuelas o los maestros pueden recibir premios como son las bonificaciones monetarias, los maestros pueden ser despedidos, y a los alumnos se les puede negar la promoción o la graduación.

Una serie de argumentos apoyan la necesidad de que el desempeño estudiantil en las pruebas tenga altas consecuencias. Primero, alienta a los individuos (en particular, a los docentes) a internalizar las normas, valores y expectativas de los grupos de interés (en particular, los del ministerio de educación) y a aceptar responsabilidad por ajustarse a ellos. Segundo, apoya el funcionamiento de mecanismos de mercado en el sistema educativo, competencia, contratación y auditoría. Tercero, sirve para centrar los esfuerzos de los docentes y los estudiantes en las metas de la instrucción y para proveer estándares de rendimiento esperado a los cuales puedan aspirar estudiantes y docentes; creando así un sistema de instrucción basado en la medición de resultados. En esta situación, se puede esperar razonablemente que el desempeño estudiantil mejore si la instrucción ha estado estrechamente en sintonía con el instrumento de evaluación. El mejoramiento en el desempeño, sin embargo, puede no ser evidente cuando el rendimiento estudiantil se evalúa a través de otros instrumentos. Cuando, en la Evaluación Nacional del Progreso Educativo de Estados Unidos, se compara el mejoramiento en el rendimiento a lo largo del tiempo de los estudiantes de estados que tienen evaluaciones con altas consecuencias con el mejoramiento estudiantil de los estados que tienen pruebas con altas consecuencias, las conclusiones pueden ser ambiguas (Amrein y Berliner, 2002; Braun, 2004).

Los argumentos en contra de la imposición de altas consecuencias al desempeño estudiantil en las pruebas se basan, en su gran mayoría, en observaciones e investigación sobre los exámenes públicos (más que en las evaluaciones nacionales) durante un período de tiempo prolongado (Kellaghan y Greaney, 1992; Madaus y Kellaghan, 1992; Madaus, Russell y Higgins, 2009). Conclusiones similares surgen en los Estados Unidos acerca de los efectos de las evaluaciones vinculadas a la legislación "Que ningún niño quede rezagado" (Guilfoyle, 2006). La información disponible demuestra que cuando se impone sanciones al desempeño estudiantil, se genera consecuencias negativas:

- Los docentes tenderán a reaccionar adaptando su enseñanza a los conocimientos y habilidades evaluados en la prueba ("enseñanza para los exámenes"), descuidando así áreas curriculares (por ejemplo arte, estudios sociales, educación física) que no son evaluadas.
- La enseñanza tenderá a enfatizar la memorización, la repetición de rutinas y la acumulación de conocimientos fácticos, que resultan en una aproximación pasiva a la enseñanza más que en un enfoque que acentúe las habilidades de mayor orden: razonamiento general y resolución de problemas.
- Es probable que los docentes dediquen un tiempo considerable a desarrollar estrategias de toma de exámenes para los estudiantes (tales como la forma de responder preguntas de opción múltiple) e incluso puede que utilicen el formato de opción múltiple para enseñar (véase el recuadro 1.3).

RECUADRO 1.3

El efecto negativo de las modalidades de rendición de cuentas con altas consecuencias

"Los sistemas de evaluación que funcionan como instrumentos de monitoreo útiles pierden mucho de fiabilidad y credibilidad respecto de tal función cuando están sujetos a altas consecuencias. Los efectos negativos no deseados de la utilización de modalidades de rendición de cuentas con altas consecuencias a menudo superan los efectos positivos deseados".

Fuente: Linn 2000: 14.

¿Deberían publicarse tablas de clasificación a continuación de una evaluación nacional?

Un ejemplo concreto del uso de altas consecuencias en una evaluación nacional es la publicación de los resultados en forma de tablas de clasificación en las cuales las escuelas son ordenadas de acuerdo con su desempeño. Se espera que este enfoque induzca la competencia entre las escuelas y, a su vez, mejore el rendimiento estudiantil (Reimers, 2003). Esta información puede utilizarse para informar a los padres y a las comunidades y, en algunas situaciones, los padres pueden utilizar la información para elegir las escuelas para sus hijos. Incluso cuando no se tiene la opción de elegir la escuela, o cuando los padres no utilizan los resultados de las evaluaciones para hacer tal elección (Vegas y Petrow, 2008), la simple publicación de la información sobre el desempeño de las escuelas puede presionarlas a mejorar su desempeño.

Además de los efectos negativos en el aprendizaje y la enseñanza que ya se han enumerado en relación con los procedimientos de evaluación con altas consecuencias, pueden anticiparse varios otros problemas cuando se calculan y publican los resultados de escuelas individuales (Clotfelter y Ladd, 1996; Kane y Staiger, 2002; Kellaghan y Greaney, 2001; Linn, 2000). Primero, el desempeño de las escuelas (y por ello su posición en una tabla de clasificación) puede variar dependiendo del resultado objeto de evaluación (por ejemplo, el rendimiento en lectura o matemáticas). Segundo, aun las clasificaciones basadas en la misma medida pueden variar de acuerdo con el criterio de "éxito" que se use (por ejemplo, puntuación media de la proporción de estudiantes que obtienen puntuaciones "altas"). Tercero, la falta de precisión en los procedimientos de evaluación implica que algunas pequeñas diferencias entre escuelas (que pueden tener un gran impacto en su clasificación) podrían deberse al azar. Cuarto, las puntuaciones de rendimiento pueden variar de año en año a causa de factores que están fuera del control de la escuela (por ejemplo, diferencias en las cohortes de estudiantes). Las escuelas pequeñas son especialmente vulnerables a este problema. Quinto, los rendimientos de los estudiantes en una escuela representan más que los esfuerzos de los maestros, tal como lo ilustra el hecho de que las clasificaciones escolares basadas en datos de rendimiento y socioeconómicos son prácticamente idénticas (Vegas y Petrow, 2008). Sexto, para tomar en consideración los factores sobre los cuales la escuela no tiene control (por ejemplo, habilidad del estudiante, entorno familiar), puede utilizarse como índice del desempeño de una escuela el crecimiento medio de las puntuaciones de los estudiantes en las pruebas durante un año. No obstante, esta medida tiende a mostrar varianzas entre escuelas verdaderamente muy pequeñas y, por lo tanto, se consideró insatisfactoria. Además, no tiene en cuenta el hecho de que la tasa de crecimiento de los estudiantes está relacionada con sus rendimientos iniciales. Pueden utilizarse enfoques estadísticos más sofisticados, que toman en cuenta una serie de factores sobre los cuales la escuela no tiene control, para calcular el crecimiento de las puntuaciones de la escuela (modelos de valor agregado). Los problemas que surgen de estos enfoques son la complejidad de los procedimientos administrativos necesarios para recabar los datos, el nivel de competencia necesario para ejecutar el análisis, la dificultad para seleccionar las variables a incluir en los modelos estadísticos, y el hecho de que el ajuste en función del rendimiento previo puede resultar en expectativas más bajas respecto de los estudiantes de bajo rendimiento.

Por último, las tablas de clasificaciones invitan a prácticas corruptas, tales como asegurarse de que los estudiantes de bajos rendimiento no tomen parte en la evaluación, o enfocarse en el desempeño de los estudiantes con rendimiento limítrofe para potenciar la puntuación media de una escuela. Puede proporcionarse información falsa acerca de las condiciones de las escuelas (tal como ocurrió en Chile) para manipular la categorización socioeconómica de la escuela, si una categorización baja atrae beneficios.

¿A quién debe considerarse responsable?

Un importante argumento contra la vinculación de altas consecuencias para las escuelas y los docentes con el desempeño estudiantil en una evaluación nacional es que una evaluación no establece los aspectos del rendimiento que pueden atribuirse a las escuelas o a los docentes. Incluso una somera reflexión sobre el amplio abanico de factores que interactúan para afectar el desempeño de los estudiantes debe llevarnos a ser prudentes antes de asignar responsabilidades. Estos factores pueden ser los siguientes: (a) las características de los estudiantes, incluyendo sus rendimientos previos; (b) las condiciones en las que viven los estudiantes, incluyendo los recursos familiares y comunitarios y el apoyo que reciben; (c) las políticas educativas y los recursos y apoyo recibidos, incluyendo el currículo y la preparación de los docentes, que son provistos por las autoridades públicas pertinentes; (d) las condiciones de la escuela y los recursos, incluyendo gobernanza y gestión; y (e) la competencia de los docentes (Kellaghan y Greaney, 2001).

Parece razonable esperar que los individuos o las instituciones asociados con estos factores sean tenidos como responsables y sujetos a rendición de cuentas solo por las cuestiones sobre las que tienen control. De este modo, la responsabilidad es compartida entre (a) los estudiantes; (b) los docentes; (c) las escuelas; (d) los responsables políticos, los directivos y los administradores del sistema educativo (a nivel nacional, estatal, regional o municipal, dependiendo de cómo esté organizado el sistema educativo); (e) los proveedores de servicios de soporte (diseñadores de currículos, formadores de docentes, editoriales de libros de texto); (f) los padres y; (g) otros (incluyendo los políticos, los contribuyentes y la sociedad en su conjunto). De hecho, es sumamente difícil repartir la responsabilidad entre esta variedad de grupos de interés (véase el recuadro 1.4). No obstante, no reconocer este problema puede conducir a una incorrecta atribución, la que, a su vez, puede desembocar en una acción inapropiada (véase el recuadro 1.5).

Muchas evaluaciones nacionales, por lo menos implícitamente, reconocen el rol de los factores extraescolares en la determinación del rendimiento estudiantil. Incluso en las evaluaciones de altas consecuencias, los resultados de las pruebas a menudo se presentan separadamente por escuela, dependiendo del estatus socioeconómico de sus estudiantes.

Las puntuaciones de los estudiantes también pueden ajustarse para tomar en consideración las características de los mismos, tales como su rendimiento previo o el estatus socioeconómico de sus familias. Además, aun cuando a tales puntuaciones se le impongan altas consecuencias, generalmente habrá una provisión de recursos adicionales para las escuelas que experimenten dificultades. Tal acción acepta que los docentes que no se están desempeñando bien pueden necesitar asistencia y desarrollo profesional sostenido (Linn, 2000).

RECUADRO 1.4

Reparto de responsabilidad por el rendimiento estudiantil

El reparto de responsabilidad por el rendimiento estudiantil no es fácil:

- Aunque los *docentes* son responsables en alguna medida del rendimiento de sus estudiantes, ¿significa esto que deberían ser tenidos como únicos responsables si la escuela en la que enseñan carece de servicios básicos? ¿Y si fueron capacitados deficientemente? ¿Y si los estudiantes se ausentan por largos períodos? ¿Y si el currículo que se les pide que enseñen no es apropiado para sus alumnos?

- ¿Son responsables los *estudiantes* si sus hogares no valoran la educación o no proporcionan facilidades u oportunidades para estudiar? ¿Y si sus experiencias educativas anteriores fueron malas por una enseñanza incompetente?

- ¿Deberían ser responsables los *padres* si no envían a sus hijos a la escuela regularmente porque no pueden afrontar los costos o porque necesitan que los niños trabajen?

- ¿Deberían ser considerados responsables los *administradores educativos* si no proveen suficientes fondos para cubrir las necesidades de las escuelas?

- ¿Deberían ser responsables los *políticos* si el presupuesto estatal es inadecuado para cubrir las demandas del sistema educativo?

RECUADRO 1.5

Traslado de la culpa por el fracaso escolar

"La determinación de responsabilidades puede trasladar sutilmente la culpa por el fracaso escolar de los inadecuados recursos de la escuela, la escasa formación docente o los factores extraescolares a los docentes y estudiantes que "simplemente no trabajan lo suficientemente duro", desviando la atención de reformas más costosas y necesarias".

Fuente: Haertel y Herman 2005: 3.

Cuando se considera la diversidad de actores y elementos que pueden afectar el aprendizaje de los estudiantes se llega a la conclusión de que evaluar su responsabilidad por la rendición de cuentas es complejo y no debería basarse en las limitadas estadísticas que provee una evaluación nacional. En el caso de los docentes, evaluar la responsabilidad requiere de un análisis clínico que tenga en cuenta una serie de factores, incluyendo las circunstancias en que enseñan. Es mejor que tales análisis los lleven a cabo profesionales (un director de escuela, inspector o supervisor). Decidir acerca de la responsabilidad de otros grupos de interés es igualmente complejo. Los políticos son responsables de cara al electorado en un sistema democrático, pero está lejos de ser obvia la prioridad que los ciudadanos le otorgan a la educación, mucho menos al rendimiento de los estudiantes, cuando emiten sus votos. Los administradores educativos son responsables frente a sus superiores y los directores políticos por el desempeño de sus deberes pero, como ya ha se ha dicho, no es obvio que el rendimiento estudiantil sea un elemento que entre en consideración. La lejanía de los administradores educativos del trabajo real de la escuela, a diferencia de los docentes, probablemente cause que el rendimiento estudiantil no sea un elemento determinante en la evaluación de su desempeño.

Una mayor claridad y transparencia acerca de la responsabilidad y la rendición de cuentas de todos los individuos e instituciones que contribuyen a los resultados del sistema educativo (incluido el aprendizaje de los estudiantes), deberían servir para eliminar muchas de las ambigüedades que existen en los actuales sistemas de rendición de cuentas. Asimismo, la utilización de un sistema de rendición de cuentas que incluya a todos los individuos, instituciones y organismos que ejercen control sobre los recursos y actividades escolares debería servir para orientar las energías de todos los involucrados hacia el desempeño de las tareas de las que son responsables (Clegg y Clarke, 2001).

LA CALIDAD DEL INSTRUMENTO DE EVALUACIÓN

El término *calidad* se aplica a una variedad de aspectos de la experiencia educativa de los estudiantes, entre ellos un entorno de aprendizaje que sea seguro y que esté adecuadamente provisto de recursos, currículos que sean sensibles a las necesidades de los estudiantes, prácticas instruccionales, docentes competentes que se comprometan con pedagogías activas, y el aprendizaje de los estudiantes (véase, por ejemplo, Schubert, 2055; UNESCO, 2000; UNICEF, 2000).

Sin embargo, en los estudios de evaluación nacional, según lo vimos, a la hora de considerar la calidad se hace hincapié en los resultados cognitivos de los procesos educacionales —esto es, qué aprendieron los estudiantes— con miras a desarrollar estrategias que mejoren esos resultados. Esta atención está en consonancia con el objetivo 6 del Marco de Acción de Dakar, que subraya el mejoramiento de la calidad de la educación "de manera que todos puedan alcanzar resultados educativos reconocidos y mensurables, especialmente en lectoescritura, aritmética y competencias prácticas esenciales" (UNESCO, 2000:8).

En reconocimiento del rol central acordado al aprendizaje estudiantil en una evaluación nacional, esta sección describe cuatro condiciones que deberían cumplirse para asegurar (a) que la prueba que se use refleje con exactitud los rendimientos que las escuelas aspiran a desarrollar y (b) que la información obtenida satisfaga las necesidades de los usuarios (Beaton y Johnson, 1992).

Primero, ya que una prueba puede medir solo parte del conocimiento y las habilidades especificadas en un currículo o constructo (por ejemplo, lectura), es importante asegurarse de que esta provea una representación adecuada de ese conocimiento y de esas habilidades (véase Haertel y Herman, 2005; Linn y Baker, 1996; Messick, 1989). Asimismo, los ítems de prueba deberían mostrar cuestiones de importancia curricular, complejidad cognitiva, pertinencia lingüística y relevancia para los estudiantes. Por consiguiente, una prueba no debería limitarse a medir componentes de habilidad aislados o ítems de conocimiento que solo requieren que los estudiantes recuerden hechos o información (una característica de muchas evaluaciones nacionales) si el objetivo del sistema educativo es desarrollar habilidades cognitivas de nivel más elevado (entre ellas, razonamiento, habilidad para identificar y resolver problemas y habilidad para llevar a cabo tareas no rutinarias). Los diseñadores de pruebas deberían tener en cuenta la conveniencia de diseñar un instrumento que provea bases para formular políticas y tomar decisiones que probablemente induzcan cambios curriculares e instruccionales que, a su vez, estimulen el desarrollo de conocimientos y habilidades valiosos (véase Frederiksen y Collins, 1989).

Para asegurar la adecuada representación de un área o constructo—o de objetivos o subáreas (por ejemplo, ejes de contenido o habilidades en matemáticas)— una prueba debería contener una adecuada cantidad de ítems. Un pequeño número de ítems en algunas evaluaciones nacionales debe ser motivo para cuestionar su adecuación a este respecto. Por ejemplo, el número de ítems en las pruebas de evaluación en América Latina (20-40, excepto en Brasil) implica que la cobertura de contenidos fue deficiente. Además, es difícil justificar el punto de vista de que el dominio de un objetivo específico puede determinarse con solo tres o cuatro ítems (González, 2002). Este tipo de inadecuación de ninguna manera se limita a las evaluaciones nacionales llevadas a cabo en América Latina.

Segundo, una prueba debería evaluar conocimientos y habilidades a un nivel apropiado para los estudiantes que la toman. Surgirá un problema en una prueba basada solamente en documentos curriculares si el currículo contiene expectativas no realistas de rendimiento estudiantil. En esta situación, que es bastante común en los países en desarrollo, la prueba será mucho más difícil para los estudiantes de bajo rendimiento y fallará en el registro de sus logros. La solución reside en tomar en consideración, al momento de desarrollar las pruebas, no solamente los estándares del currículo deseado, sino también aquello que se conoce acerca de los rendimientos efectivos de los estudiantes en las escuelas. En la práctica, solo una proporción muy pequeña de los estudiantes acertaría en todos los ítems o fallaría en todos. Este resultado puede alcanzarse implicando a los docentes en activo en el desarrollo y selección de los ítems de prueba, y realizando cuidadosas pruebas de campo sobre los ítems antes de realizar la evaluación principal en una muestra de alumnos que refleje la diversidad entre las escuelas de la población objetivo.

Una tercera condición que habría que cumplir, si hay que confiar en que una prueba proporcione información válida acerca del conocimiento y las habilidades de los estudiantes respecto de un dominio curricular particular, es que el rendimiento de los estudiantes no debería estar determinado por su competencia en otras áreas que no sean objeto de evaluación (Messick, 1989). Por ejemplo, una prueba diseñada para evaluar el rendimiento estudiantil en ciencias o matemáticas no debería contener tanto lenguaje que haga que el desempeño en la prueba dependa más de la habilidad diferencial de los estudiantes en lectura que de su habilidad en ciencias o matemáticas. Este problema sucede cuando no se puede saber a ciencia cierta que todos los estudiantes que toman la prueba poseen el mismo nivel de habilidad en lectura, lo que probablemente es el caso cuando el idioma de la prueba difiere, para algunos estudiantes, del idioma que normalmente utilizan.

Por último, si los resultados de las evaluaciones deben utilizarse en el seguimiento del cambio a lo largo del tiempo, los instrumentos de evaluación deben ser comparables. Para alcanzar este resultado, puede utilizarse la misma prueba, que las administraciones deben custodiar. Si se utilizan pruebas diferentes, ajustarlas según la teoría de respuesta al ítem permite presentar los resultados en una misma escala de competencia (véase el volumen cuatro de esta serie). Las mejores prácticas incluyen trasladar un subconjunto de ítems de una prueba a otra para vincular de manera sólida las pruebas. También es esencial que sean equivalentes las muestras de estudiantes y los procedimientos seguidos en la administración. Si los criterios de exclusión (por ejemplo, para los alumnos con dificultades de aprendizaje) varían de una prueba a otra, o si difieren las condiciones sobre las cuales los administradores no tienen control (por ejemplo, los porcentajes de respuesta), tales factores deberían tenerse en cuenta al efectuar comparaciones entre los rendimientos de los estudiantes en diferentes momentos en el tiempo.

TIPO DE EVALUACIÓN

El uso potencial de la información obtenida de una evaluación depende de las características de esta. El uso que puede hacerse de los resultados de una evaluación varía según se trate de (a) *evaluaciones censales*, en las cuales participan la totalidad (o la mayoría) de las escuelas y estudiantes comprendidos en la población objetivo (como, por ejemplo, en Brasil, Chile e Inglaterra); (b) *evaluaciones por muestreo*, en las que participa una muestra de estudiantes o escuelas que son seleccionados de manera que resulten representativos de la población total (que es la práctica de la mayoría de los países); y (c) *evaluaciones internacionales*, en las cuales una serie de países sigue procedimientos similares para obtener información acerca del aprendizaje de los estudiantes.

Evaluaciones censales

Una evaluación nacional en la que participe la totalidad (o casi la totalidad) de las escuelas y los estudiantes, generalmente especificados por grados o niveles de edad, se denomina evaluación *censal* o *poblacional*. Tiene el potencial de proveer información acerca del rendimiento estudiantil acerca de (a) el sistema educativo en general, (b) sectores del sistema, (c) escuelas, (d) docentes o grados, (e) estudiantes individuales y (f) factores asociados con el rendimiento. Desde el momento en que se dispone de información sobre todas las escuelas, pueden identificarse aquellas que tengan un rendimiento deficiente, y se pueden tomar decisiones sobre posibles intervenciones, tales como la impartición de cursos de desarrollo profesional para docentes, servicios suplementarios o recursos adicionales. La evaluación será de tipo altas consecuencias si se imponen sanciones al desempeño de la escuela o si se publica la información acerca del desempeño de cada una de ellas.

Evaluaciones por muestreo

Dado que en una evaluación por muestreo no participa toda la población, a diferencia de la evaluación censal, dicha evaluación puede proporcionar únicamente información acerca del rendimiento estudiantil referente a: (a) el sistema educativo en general, (b) sectores del sistema, y (c) factores asociados al rendimiento. Aunque este enfoque limita el uso que puede hacerse de sus resultados, tiene una serie de ventajas. Primero, una evaluación por muestreo es considerablemente menos costosa de administrar que una evaluación censal. Segundo, no es necesario evaluar a todos los estudiantes para alcanzar los objetivos básicos de una evaluación nacional, que es proporcionar información válida, confiable y oportuna acerca del funcionamiento del sistema educativo y, en particular, acerca de la calidad del aprendizaje de los estudiantes. Tercero, puesto que no se identifica a las escuelas participantes, una evaluación por muestreo no tiene el impacto negativo sobre las escuelas y el aprendizaje de una evaluación censal si se imponen sanciones al desempeño para las escuelas, los maestros, o ambos. Por último, las evaluaciones por muestreo pueden administrarse más a menudo, por lo tanto permiten evaluaciones sucesivas para enfocar los problemas que surjan. Algunas evaluaciones nacionales se administran regularmente a muestras rotativas de estudiantes, proporcionando así acceso a los educadores a datos de evaluaciones de manera regular.

Evaluación internacional

Otra distinción que es importante al considerar el uso de los datos de las evaluaciones es si la evaluación es una operación autónoma o si se lleva a cabo en el contexto de un estudio internacional. Los estudios internacionales ofrecen la ventaja de proporcionar información que no se puede obtener a partir de una evaluación nacional. Pueden (a) contribuir a definir qué es posible (cuánto pueden aprender los estudiantes y a qué edad) a través de la observación del desempeño de varios sistemas educativos; (b) permitir a los investigadores observar y caracterizar las consecuencias de las diferentes prácticas y políticas; (c) poner de manifiesto conceptos para comprender la educación que pudieron ser ignorados en un país; y (d) ayudar a percibir y cuestionar creencias y asunciones que pudieran darse por descontado (Chabbott y Elliott, 2003). Además, los estudios internacionales tienden a alcanzar estándares técnicos más elevados que las evaluaciones nacionales, y permiten a los participantes compartir los costos de desarrollo e implementación, sin lo cual estos métodos quedarían fuera del alcance de muchos sistemas. Los resultados de las evaluaciones internacionales tienden a atraer considerable atención de los medios de comunicación y se han usado para alimentar el debate acerca de la adecuación de la oferta educativa y el rendimiento educativo, así como para proponer cambios curriculares (especialmente en matemáticas y ciencias) (Robitaille, Beaton y Plomp, 2000).

Si bien las evaluaciones internacionales pueden —por lo menos a un nivel superficial— proveer datos comparativos sobre el rendimiento estudiantil que no se consiguen en una evaluación nacional, es necesario ser precavidos a la hora de utilizar sus resultados para orientar la formulación de políticas nacionales. Entre los escollos potenciales para el uso de datos internacionales con tales fines está el hecho de que, dado que una prueba tiene que administrarse en varios países, sus contenidos pueden no representar adecuadamente el currículo de todos los países participantes. Además, es un hecho generalmente reconocido que los estudios internacionales no prestan suficiente atención a los contextos en los que opera cada sistema educativo. De hecho, es poco probable que la tecnología que utilizan pueda representar los matices de los sistemas educativos o que puedan proporcionar una comprensión fundamental del aprendizaje y de cómo los factores culturales locales influyen en el mismo (Poter y Gamoran, 2002; Watson, 1999). Y en caso afirmativo, no es posible asumir que los enfoques identificados en estudios internacionales que parecen funcionar bien en algunos sistemas educativos sean igualmente efectivos en otros. La adopción e implementación de políticas y medidas a partir de esta asunción puede ser no solo ineficaz sino también perjudicial (Robertson, 2005).

Los datos obtenidos a partir de una evaluación internacional, además de proporcionar comparaciones entre las condiciones imperantes en el propio sistema educativo en relación con otros, pueden ser utilizados por un país en particular para examinar en profundidad aspectos de su propio sistema (basándose en análisis internos del país), lo que se convertiría, de hecho, en una evaluación nacional (Ministerio de Educación de Kuwait, 2008; Postlethwaite y Kellaghan, 2008) (véase el recuadro 1.6). Efectivamente, uno de los objetivos del Estudio de Competencia en Lectura de 1990/91 de la Asociación Internacional para la Evaluación del Rendimiento Educativo era proporcionar datos de referencia nacional acerca de la competencia en lectura de los niños de 9 a 14 años para hacer un seguimiento de los cambios a través del tiempo (Elley, 1992).

> **RECUADRO 1.6**
>
> **Dos usos de los datos provenientes de una evaluación internacional**
>
> La distinción entre el uso de los datos recolectados en una evaluación internacional para realizar comparaciones nacionales cruzadas y la recolección de datos para realizar análisis nacionales puede ilustrarse mediante la comparación del uso de los datos recolectados en los estudios de la Asociación Internacional para la Evaluación del Rendimiento Educativo (IEA) en Hungría y Finlandia. En Hungría, se hizo hincapié en la comparación entre su sistema educativo y los sistemas de otros países. La comparación indicó que (a) los logros en matemáticas y ciencias fueron satisfactorios, (b) los logros en comprensión lectora fueron generalmente inferiores a los logros alcanzados en otros países, (c) las escuelas en Hungría eran más diversas en sus logros que las escuelas en otros países, y (d) en Hungría la procedencia familiar tenía mayor influencia en el logro en competencia lectora que en otros países (Báthory, 1992). En contraste, en Finlandia los datos internacionales obtenidos con los estudios IEA se utilizaron para revisar la calidad de la educación en matemáticas y ciencias en el país. Los datos, que constituían la única prueba empírica disponible en ese momento acerca de los logros de los estudiantes, fueron utilizados en análisis que abordaban necesidades concretas y se proporcionaron a planificadores, responsables políticos y grupos nacionales de trabajo ad hoc.
>
> *Fuente:* Howie y Plomp 2005; Leimu, 1992.

INFRAUTILIZACIÓN DE LOS RESULTADOS DE LA EVALUACIÓN NACIONAL

Al considerar la utilización (y la falta de utilización) de los resultados de la evaluación nacional, hay que reconocer desde el principio que no se dispone de mucha información al respecto. Además, hay mucha menos información sobre la utilización óptima de los resultados o acerca de los efectos de fundamentar decisiones políticas sobre dichos resultados. Por supuesto, la falta de resultados puede no ser un reflejo real de la utilización efectiva, por el hecho de que la información relativa al uso por parte de los organismos gubernamentales no esté documentada públicamente.

La información disponible indica que el uso de los resultados de una evaluación nacional no está generalizado, a pesar del potencial que tiene la información derivada de una evaluación para inspirar reformas y a pesar del gasto generado en la obtención de tal información. Esta observación se ha hecho, por ejemplo, en la adopción de políticas específicas y de toma de decisiones (véase Arregui y McLauchlan, 2005; Himmel, 1996; Olivares, 1996; Rojas y Esquivel, 1998) y sugiere que la utilización de datos provenientes de la evaluación nacional es muy similar a la utilización de los resultados de otras investigaciones sobre políticas (véase el capítulo 4). Probablemente, una descripción de la experiencia hondureña resulte característica de la experiencia en otros lugares (recuadro 1.7). No obstante, aunque no haya sido posible describir un uso específico de los datos de la evaluación en ese caso, el hecho de que influyeran en la opinión pública y sirvieran para concienciar es en sí mismo significativo.

Se puede aducir una variedad de razones para explicar la infrautilización de los resultados de una evaluación nacional (tabla 1.1). Primero, es probable que los resultados se infrautilicen cuando la evaluación nacional se considera una actividad autónoma, separada de otras actividades educativas y con escasa conexión con ellas. Es probable que esta situación se produzca cuando la actividad de evaluación nacional es nueva o cuando es llevada a cabo por agentes externos o a petición de los donantes. Rust (1999), por ejemplo, puntualizó que en África Subsahariana los burócratas locales consideran a menudo que

RECUADRO 1.7

Alcance de la utilización de los resultados de la evaluación nacional, Honduras

"Estos proyectos han generado una gran cantidad de datos e información que describen los logros educativos de los estudiantes; son esfuerzos de investigación que tienen un impacto significativo en la opinión pública, pero... no han contribuido a hacer más eficiente y eficaz el sistema educativo. Los resultados son escasamente utilizados; no han sido un mecanismo real de control y de rendición de cuentas; y, hasta hoy, la información generada no parece haber tenido consecuencias significativas más allá de informar, sensibilizar y concienciar".

Fuente: Moncada y otros 2003: 73, citado en Arregui y McLauchlan 2005: 6.

TABLA 1.1

Causas de la infrautilización de los resultados de las evaluaciones nacionales; medidas para abordar la infrautilización y agentes responsables de dichas medidas

Causa	Medida	Agente
1. La evaluación nacional es vista como una actividad autónoma, con escasa conexión con otras actividades educativas	Integrar la actividad de evaluación en las estructuras preexistentes, en las políticas y en los procesos de toma de decisiones.	Ministerio de educación
2. Participación inadecuada de los grupos de interés en el diseño e implementación de una evaluación	Comprometer a todos los grupos de interés relevantes en el diseño e implementación de una evaluación.	Agencia de evaluación nacional; ministerio de educación
3. Falta de comunicación de los resultados a todos aquellos que están en posición de actuar	Reservar una partida presupuestaria para divulgación, planear actividades y preparar una serie de informes que responda a las necesidades de los usuarios	Agencia de evaluación nacional
4. Falta de confianza en los resultados de la evaluación nacional	Asegurarse de que el equipo de evaluación tenga la competencia técnica necesaria y de que los grupos de interés relevantes estén comprometidos desde el comienzo.	Ministerio de educación
5. Sensibilidad política para publicar los resultados obtenidos	Incrementar la probabilidad de dar a conocer al público los resultados a través de conversaciones periódicas con los grupos de interés.	Ministerio de educación
6. Fracaso en el diseño de acciones apropiadas luego de una evaluación, a nivel de las políticas generales	Integrar la actividad de evaluación nacional en las actividades políticas y administrativas, y examinar los resultados para determinar sus implicaciones y estrategias.	Ministerio de educación
7. Fracaso en el diseño de acciones apropiadas luego de una evaluación a nivel de la escuela	Asegurar una adecuada comunicación de los resultados a las escuelas, examinarlos y diseñar estrategias para mejorar el rendimiento de los estudiantes, y proporcionar apoyo continuo a su implementación.	Agencia de evaluación nacional; ministerio de educación; escuelas y docentes; formadores de docentes; autoridades curriculares; proveedores de libros de texto

los documentos referidos a las políticas son competencia del organismo donante y no afectan al diseño de las políticas locales.

Segundo, es probable que la infrautilización de los resultados de la evaluación se produzca cuando los responsables de las políticas, los administradores educativos y otros actores en posición de actuar en relación con los resultados han tenido una participación limitada o nula en el diseño e implementación de una evaluación.

Tercero, es sorprendente, dado que las evaluaciones transmiten importante información, que el primer estadio de uso —la comunicación o información a los actores relevantes, tales como los responsables de las políticas, los proveedores de formación docente y los donantes— no siempre se complete de manera satisfactoria, limitando claramente así el potencial para su utilización. Este problema puede deberse a la falta de previsión presupuestaria para la difusión de los resultados. En una situación en la cual se requieren la mayor parte del tiempo y de los recursos disponibles del proyecto para el desarrollo y la administración de los instrumentos y el análisis de los datos, puede suceder que no quede nada para la producción y divulgación de la información.

Cuarto, las deficiencias de muchas evaluaciones en cuanto a instrumentación, muestreo y análisis pueden poner en cuestión la validez de los datos que proporcionan, haciendo que los potenciales usuarios actúen con mucha cautela respecto de los resultados o que desestimen los resultados en su conjunto.

Quinto, si una evaluación nacional revela desigualdades socioeconómicas y educativas asociadas a la pertenencia a un grupo étnico, racial o religioso, este resultado puede ser fuente de bochorno para los políticos, conduciendo a intentos de que no se hagan públicos los resultados.

Sexto, es poco probable que de una evaluación nacional se deriven decisiones políticas y administrativas apropiadas si no se cuenta con los mecanismos para (a) considerar los resultados en el contexto de otras actividades políticas y administrativas y (b) determinar acciones sobre la base de los resultados de la evaluación.

Por último, es probable que los resultados de la evaluación nacional sigan siendo infrautilizados a menos que los actores interesados que están en posición de actuar (a) estén adecuadamente informados de los resultados, (b) sopesen las implicaciones de los resultados de la evaluación para su trabajo, y (c) diseñen estrategias para mejorar el aprendizaje estudiantil. Por ejemplo, en el caso de las escuelas y de los docentes, a menos que se den pasos para estructurar los resultados de la evaluación orientándolos a las preocupaciones de los docentes —y a menos que se prevean fondos para crear mecanismos mediante los cuales los docentes puedan utilizar la información derivada de la evaluación para guiar la reforma— la reacción del personal educativo puede ser, en el mejor de los casos, ignorar la evaluación nacional y, en el peor, socavarla.

Estas observaciones deberían servir para alertar contra las expectativas poco realistas acerca de cambios de políticas que pueden seguir a una evaluación. Sin embargo, este libro trata de mostrar que los datos de las evaluaciones pueden servir como guía para los responsables de las políticas y de la toma de decisiones a través de la elaboración de las acciones diseñadas para abordar la infrautilización que se enumeran en la tabla 1.1. Cuando es posible se citan ejemplos de utilización efectiva, recogidos de una gran cantidad de países, tanto para despertar el interés del público como apoyar las iniciativas de los responsables políticos y los gestores. Hay menos información acerca del aspecto, de importancia fundamental y más complejo, de la utilización de los resultados de la evaluación nacional en las aulas para mejorar el aprendizaje de los estudiantes.

CONCLUSIÓN

La utilización que puede hacerse de los resultados de una evaluación nacional depende de diversos factores. El contexto político en el que se lleva a cabo la evaluación influye de manera notable en su uso. Reconocer que la evaluación en sí misma puede considerarse un acto político que refleja el poder, las ideologías y los intereses de los actores sociales puede llevar a que la evaluación —y las decisiones que se basan en ella— sean más transparentes.

Dado que el instrumento utilizado para medir el rendimiento estudiantil es la piedra angular de una evaluación nacional, su calidad afectará el uso que pueda hacerse de sus resultados. Para un uso óptimo, los instrumentos de prueba deberían proporcionar información acerca de los rendimientos de los estudiantes (a) que sea exacta y exhaustiva, (b) que mida una serie de rendimientos, (c) que proporcione guías para las medidas correctivas, y (d) que sea sensible a los cambios en la enseñanza. Las pruebas utilizadas en muchas evaluaciones nacionales no cumplen estas condiciones. Pueden limitarse a medir niveles de conocimientos y habilidades de menor orden, pueden no contener una cantidad suficiente de ítems, y pueden ser demasiado difíciles, con el resultado de que los potenciales usuarios no tendrán bases confiables para elaborar políticas y tomar decisiones. El valor de una evaluación nacional para los potenciales usuarios puede aumentar si los datos de contexto que se recaban sobre la experiencia de los estudiantes— y los procedimientos que se emplean para analizar los datos— inciden en los factores que afectan el aprendizaje de los estudiantes y que son enmendables a través de la gestión política. Una decisión clave para los responsables políticos y los administradores educativos que contemplen una evaluación nacional, con implicaciones sobre el uso que puede hacerse de sus resultados, es si la evaluación será por muestro o censal. Una evaluación por muestreo proveerá información y una base para la acción a nivel del sistema, mientras que una evaluación censal, además, proveerá información acerca de las escuelas a título individual y bases para actuar en las mismas. La elección entre una evaluación por muestreo y una censal debería estar guiada por la consideración tanto de la necesidad de información de los responsables de las políticas y los gestores, como de los costos que ello implica.

Una evaluación por muestreo proporciona la oportunidad de hacer responsables a las escuelas del rendimiento de los estudiantes. Antes de decidir utilizar los resultados para este propósito, los responsables de las políticas deberían considerar seriamente (a) la limitada información que puede proveer una evaluación nacional acerca de la calidad de la educación proporcionada por una escuela; (b) la serie de individuos, instituciones y condiciones que afectan el aprendizaje de los estudiantes; y (c) las consecuencias negativas (aunque no sean deliberadas) de vincular consecuencias al desempeño de los estudiantes. Aunque una evaluación utilizada de este modo como un mecanismo de poder puede ser correctiva en el corto plazo, en el largo plazo la necesaria burocracia asociada con ella puede corromper el sistema que debe corregir o mejorar (Madaus y Kellaghan, 1992).

Cuando no hay consecuencias significativas directas vinculadas a los resultados, que es el caso de la mayoría de las evaluaciones nacionales, estas se consideran de escasa consecuencia, y los resultados se usarán fundamentalmente como una herramienta para la planificación y la administración (McDonnell, 2005). Se considera que la información obtenida es suficiente incentivo para que los políticos, los responsables de las políticas, los educadores, los padres y el público actúen, y aunque el Estado puede que no acepte responsabilizarse del rendimiento efectivo de los estudiantes, sí aceptará su responsabilidad de diseñar una adecuada oferta de educación pública y reducir las disparidades en la calidad de la educación ofrecida a (y obtenida por) los niños de diferentes contextos étnicos o clases sociales (Reimers, 2003).

Cuando un Estado adopta esta postura, se necesita un detallado análisis de los resultados de las pruebas para describir los rendimientos de los estudiantes y para determinar las prácticas escolares y docentes que aumentan estos rendimientos. A continuación, deben difundirse los resultados, se debe proveer recursos y asistencia técnica para ayudar a las escuelas a identificar los problemas que están experimentando, y se debe proporcionar apoyo continuo a un proceso de mejoramiento escolar.

Esta serie de libros se ha escrito fundamentalmente para responder a las necesidades de las personas que llevan a cabo una evaluación nacional por muestreo. No obstante, el contenido de otros volúmenes, excepto el módulo sobre muestreo y algunas secciones del módulo de análisis estadístico, también es relevante para la implementación de una evaluación censal. Buena parte del presente volumen es también relevante, si bien una parte de los temas no lo son (por ejemplo, la identificación de las escuelas que necesitan asistencia, luego de una evaluación por muestreo). Los prerrequisitos relevantes para el uso efectivo de los resultados de una evaluación nacional, lo son para ambos tipos de evaluación —la basada en muestreo y la censal— e incluyen los siguientes:

- Comprometer a los responsables de las políticas y de la toma de decisiones en el diseño de la evaluación para abordar las cuestiones que fueron identificadas como de urgente interés
- Comunicar los resultados prontamente y en una forma que sea inteligible para los usuarios clave

- Incorporar la información de la evaluación a las estructuras burocráticas existentes y traducir tal información en políticas, estrategias e instrumentos políticos (por ejemplo, mandatos, estrategias de desarrollo de capacidades, estímulos y políticas exhortatorias para motivar la acción)
- Asegurar que los resultados de las evaluaciones influyan en las prácticas de los maestros de grado, con el objetivo de mejorar el aprendizaje estudiantil
- Proporcionar soporte político continuado al uso de los resultados para producir cambios y para diseñar mecanismos que respalden su aplicación en la reforma en el ámbito lectivo.

A lo largo del volumen, a medida que se describen las muchas actividades que puede originar una evaluación nacional, se hace referencia a estudios censales e internacionales cuando estos proporcionan ideas para su uso o cuando describen prácticas que son relevantes para una evaluación por muestreo.

Los capítulos 2 y 3 describen los tipos de informes necesarios para informar a los usuarios acerca de los resultados de una evaluación. El capítulo 4 subraya cuestiones generales que merecen consideración a la hora de traducir los resultados de la evaluación en políticas y acciones. Este capítulo es seguido por una descripción de los usos específicos de los datos de evaluación para la formulación de políticas y la administración educativa (capítulo 5), para la enseñanza (capítulo 6), y para promover la concienciación pública (capítulo 7). El capítulo final (capítulo 8) expone las condiciones que es probable que optimicen la utilización de los resultados de una evaluación nacional. También sugiere una serie de maneras en que podrían modificarse y mejorarse las actividades de la evaluación nacional a fin de incrementar su valor para los usuarios.

CAPÍTULO 2

PUBLICACIÓN DE LOS RESULTADOS DE UNA EVALUACIÓN NACIONAL: EL INFORME PRINCIPAL

En este capítulo se describen los componentes del instrumento principal y esencial que servirá para informar sobre las conclusiones de una evaluación nacional. Estos componentes no solo deben incluir las conclusiones, sino también los procedimientos aplicados a lo largo de la evaluación, de modo tal que los lectores puedan juzgar si son relevantes y pertinentes. El informe también constituirá la base para los medios auxiliares de comunicación de esas conclusiones (por ejemplo: notas informativas, comunicados de prensa y un informe para escuelas; véase el capítulo 3).

El informe principal de una evaluación nacional debe contener una descripción de los siguientes componentes: (a) contexto de la evaluación, (b) objetivos de la evaluación, (c) marco guía del diseño de la evaluación, (d) procedimientos aplicados, (e) descripciones del rendimiento en la evaluación nacional, (f) correlaciones de rendimiento y (g) cambios en el rendimiento a través del tiempo (si se dispone de los datos correspondientes en una serie de evaluaciones). La cantidad de detalles presentados en el informe principal depende de si se va a preparar un informe técnico por separado. La mayoría de los lectores tienen conocimientos técnicos limitados y se interesan únicamente en lo que el informe implica para su propio trabajo. Gran parte de los detalles técnicos se pueden incluir en los apéndices del informe principal.

Al inicio, los miembros del equipo de la evaluación nacional y los actores clave deben acordar en términos generales la forma de diseñar el informe principal, recopilar los datos e informar de los resultados. La confección de una serie de tablas en blanco o ficticias para analizar las variables precisas y los datos asociados a cada tabla puede ser útil para ayudar a consensuar la manera de informar los resultados. La tabla 2.1 es una tabla en blanco ilustrativa de cómo podrían presentarse los datos nacionales sobre el alumnado por área curricular y por género. La tabla 2.2 sugiere cómo podrían presentarse los resultados a nivel provincial para que los responsables de las políticas puedan comparar los alumnos de bajo rendimiento (los que están en el percentil 5) con los alumnos de alto rendimiento (los que están en el percentil 95) en cada provincia. En la tabla 2.3 se compara el nivel de rendimiento de los alumnos en dos momentos. La tabla 2.4 se propone identificar relaciones entre el rendimiento estudiantil y una serie de variables de interés para las políticas.

TABLA 2.1

Puntajes medios (y errores estándar) de los niños y las niñas en una evaluación nacional de lengua y matemáticas

	Lengua		Matemáticas	
	Niños	Niñas	Niños	Niñas
Media				
Error estándar				

TABLA 2.2

Puntajes medios (y errores estándar) y puntajes con distintos rangos de percentil en una evaluación nacional de ciencias, por provincia

			Puntaje percentil			
Provincia	Media	Error estándar	5	25	75	95
1						
2						
3						
4						
5						
6						
Nacional						

Nota: estos datos se pueden utilizar para preparar diagramas de caja y bigotes.

TABLA 2.3

Media de puntajes de rendimiento (y errores estándar) en una evaluación nacional administrada en dos ocasiones

Primera administración		Segunda administración		¿Estadísticamente significativa?
Media	Error estándar	Media	Error estándar	

Nota: debe tenerse en cuenta, al calcular la relevancia de la diferencia entre las medias, que ambas están basadas en muestras.

TABLA 2.4

Correlación entre la media por escuela de los puntajes de rendimiento en lectura y los factores escolares en una evaluación nacional de 5.º grado

Variables	r
Tamaño promedio de la clase, 5.º grado	
Número promedio de libros de texto por alumno, 5.º grado	
Porcentaje de alumnos que pueden estar sentados durante una clase de escritura, 5.º grado	
Cantidad de docentes en la escuela	
Cantidad de alumnos inscritos en la escuela	
Cantidad de años de experiencia en docencia (docentes de 5.º grado)	
Nivel de calificación del docente (docentes de 5.º grado)	
Cantidad de recursos en el aula	

CONTEXTO DE LA EVALUACIÓN NACIONAL

En la descripción del contexto, se puede afirmar la importancia de obtener información sobre el aprendizaje del alumno como base para las decisiones sobre políticas y gestión. Será importante tomar en consideración la información de estudios anteriores sobre el rendimiento de los alumnos (si los hubiera).

OBJETIVOS DE LA EVALUACIÓN NACIONAL

Se debe enunciar el objetivo principal: por ejemplo, proporcionar información sobre el aprendizaje de los alumnos en el sistema educativo.

Además, se deben indicar objetivos más específicos: por ejemplo, establecer los estándares de lectura actuales de los alumnos de cuarto grado; comparar el rendimiento de los alumnos en las escuelas públicas y privadas; monitorear las tendencias de aprendizaje de los alumnos a lo largo del tiempo; describir los recursos de la escuela; analizar la escuela, el contexto familiar y los factores del alumno que pueden estar relacionados con el rendimiento en lectura y proporcionar una base para futuras evaluaciones.

MARCO DE LA EVALUACIÓN NACIONAL

Un marco es un plan general o esquema que describe qué se evalúa, en cuanto a conocimiento, habilidades y otros atributos, y cómo se evalúa. El marco guía el desarrollo de la evaluación y permite que sea transparente, en primer lugar, para quienes trabajan en el diseño de los instrumentos de la evaluación y, en segundo lugar, para el amplio público que leerá su informe. El capítulo 2 en el volumen 2 de esta serie describe cómo desarrollar el marco de una evaluación (Anderson y Morgan, 2008).

El Estudio sobre el Progreso Internacional de la Competencia en Lectura (PIRLS) proporciona un ejemplo de una descripción del constructo evaluado en su estudio sobre rendimiento en lectura de niños de nueve años (Mullis y otros 2006; véase también el volumen 1 de esta serie, Greaney y Kellaghan 2008: apéndice B2). La lectura se describe en términos de dos objetivos (lectura como experiencia literaria y lectura para adquirir y utilizar la información) y de cuatro procesos (centrarse en información explícita y recuperarla, realizar inferencias directas, interpretar ideas e información y examinar y evaluar el contenido).

Un marco también describe los instrumentos empleados para evaluar el rendimiento. Es útil incluir ejemplos de los tipos de ítems empleados en la evaluación para ofrecer a los lectores una idea de la naturaleza de las tareas implicadas. Naturalmente, estos ítems no deben incluir los ítems que se prevé emplear para futuras evaluaciones.

PROCEDIMIENTOS PARA LA ADMINISTRACIÓN DE LA EVALUACIÓN NACIONAL

Se debe describir cómo y cuándo se recogen los datos. Esta descripción incluirá la identificación de la población sobre la que se basa la evaluación, la selección de las escuelas o de los alumnos y los datos sobre exclusiones y falta de participación.

DESCRIPCIÓN DEL RENDIMIENTO EN LA EVALUACIÓN NACIONAL

Al decidir la forma de presentar las conclusiones de una evaluación nacional es importante tener en cuenta que la información proporcionada debe ser relevante para las necesidades de los responsables de las políticas y de la toma de decisiones, y debe ayudarlos a abordar los problemas normativos de una manera constructiva. La elección de un único índice de rendimiento de los alumnos (por ejemplo, un puntaje de matemáticas total) o de varios índices (por ejemplo, puntajes separados para cálculo y resolución de problemas) puede ser relevante. Si bien los responsables políticos, en general, prefieren un resumen estadístico, es muy probable que informar un único índice de rendimiento produzca una pérdida de información importante y, por consiguiente, limite las bases sobre las que diseñar acciones posteriores a la evaluación (Kupermintz y otros, 1995).

Para presentar los resultados de una evaluación nacional, cada vez es más frecuente el empleo de la descripción del desempeño en términos de niveles de competencia. El procedimiento implica el anclaje de la escala, que tiene dos componentes: (a) un componente estadístico que identifica los ítems que discriminan entre puntos sucesivos en la escala de aptitud empleando características específicas del ítem (por ejemplo, las proporciones de respuestas exitosas a los ítems en distintos niveles de puntaje) y (b) un componente de consenso, en el que los ítems identificados son utilizados por especialistas en currículo para ofrecer una interpretación de cuáles son los conocimientos y las capacidades de los alumnos en los grupos situados en los puntos correspondientes o cercanos a ellos (Beaton y Allen, 1992). Se puede crear una etiqueta para los niveles (por ejemplo, satisfactorio / insatisfactorio; mínimo / deseado; básico / competente / avanzado), e indicar la proporción de alumnos que alcanza cada nivel. La tabla 2.5 presenta los datos de una evaluación nacional en Mauricio.

La tabla 2.6, que describe los niveles de rendimiento en matemáticas en la Evaluación Nacional del Progreso Educativo (NAEP) en los Estados Unidos, va más allá del tipo de datos de la tabla 2.5 y ofrece definiciones del desempeño en un rango de niveles de competencia. El porcentaje de alumnos (en las escuelas públicas) en cada nivel osciló entre el 44 por ciento en el nivel básico, el 30 por ciento en el nivel competente y el 5 por ciento en el nivel avanzado. Por lo tanto, el 79 por ciento de los alumnos se desempeñó en el nivel básico o por encima (Perie, Grigg y Dion, 2005).

El enfoque para establecer los niveles de competencia difiere del de PIRLS 2001. Los puntos de corte se determinaron, primero, especificando el porcentaje de alumnos en cada categoría de referencia y, luego, examinando las habilidades de lectura y las estrategias asociadas a cada nivel (figura 2.1).

En Vietnam, los responsables de las políticas, al trabajar con otras partes interesadas como los desarrolladores de currículos, identificaron seis niveles de rendimiento en lectura para los alumnos de 5.° grado, utilizando información estadística y opiniones de expertos (tabla 2.7). Emplearon los datos para realizar comparaciones del rendimiento en el ámbito nacional, provincial y otros.

TABLA 2.5

Porcentajes de alumnos que alcanzaron los niveles de competencia mínimos y deseados en las pruebas de comprensión lectora, aritmética y habilidades para la vida diaria: Mauricio

Materia	Porcentaje de alumnos	
	En el nivel mínimo o por encima	En el nivel deseado o por encima
Comprensión lectora Alfabetización	77,6	35,4
Aritmética	70,3	26,4
Habilidades para la vida diaria	71,6	32,4

Fuente: Junta de Exámenes de Mauricio, 2003. Reproducido con autorización.

TABLA 2.6

Niveles de rendimiento en matemáticas de la NAEP, 4.° grado: Estados Unidos

Nivel	Rendimiento esperado para 4.° grado
Básico	Los alumnos deben demostrar algún grado de comprensión de los conceptos y procedimientos matemáticos en las cinco áreas de contenido de la NAEP. Deben poder estimar y utilizar datos elementales para realizar cálculos sencillos con números enteros, demostrar algún grado de comprensión de las fracciones y de los decimales, y resolver algunos problemas sencillos del mundo real en todas las áreas de contenido de la NAEP. Deben poder utilizar, aunque no siempre con exactitud, tablas de cálculo de cuatro funciones, reglas y figuras geométricas. Con frecuencia, las respuestas escritas serán mínimas y se presentarán sin información de respaldo.
Competente	Los alumnos deben aplicar coherentemente el conocimiento integrado sobre procedimientos y la comprensión conceptual para resolver problemas en las cinco áreas de contenido de la NAEP. Deben saber utilizar números enteros para estimar, calcular y determinar si los resultados son razonables. Deben tener una comprensión conceptual de las fracciones y de los decimales; poder resolver problemas del mundo real en todas las áreas de contenido de la NAEP y utilizar tablas de cálculo de cuatro funciones, reglas y figuras geométricas de manera adecuada. Deben emplear estrategias para la solución de problemas, como por ejemplo, identificar la información adecuada y utilizarla. Las soluciones escritas se organizarán y presentarán con información de respaldo y explicaciones sobre la manera en que se obtuvieron.
Avanzado	Los alumnos deben aplicar el conocimiento integrado sobre procedimientos y la comprensión conceptual para resolver problemas del mundo real complejos y no rutinarios en las cinco áreas de contenido de la NAEP. Deben poder resolver problemas del mundo real complejos y no rutinarios en todas las áreas de contenido de la NAEP. Deben mostrar un mayor grado de conocimiento en el uso de tablas de cálculo de cuatro funciones, reglas y figuras geométricas. Se espera que lleguen a conclusiones lógicas y justifiquen las respuestas y los procesos de resolución explicando por qué y cómo obtuvieron las soluciones. Deben ir más allá de lo obvio en sus interpretaciones y ser capaces de comunicar sus pensamientos de manera clara y concisa.

Fuente: Centro Nacional de Estadísticas Educativas de los Estados Unidos 2006a.

En una gran cantidad de evaluaciones nacionales, la varianza en el rendimiento del alumno se divide en los componentes entre las escuelas y dentro de ellas. Este proceso implica calcular el coeficiente de correlación dentro de la clase (rho), que es una medida de la homogeneidad del rendimiento de los alumnos dentro de la escuela. Esta medida indica qué variación existe entre los alumnos dentro de una misma escuela (dentro de conglomerados) y cuál es la variación entre escuelas (entre los conglomerados). Un coeficiente bajo dentro de la clase indica que las escuelas tienen niveles de rendimiento comparables, mientras que valores altos indican una variación creciente entre las escuelas respecto del rendimiento de los alumnos (Postlethwaite, 1995). Las conclusiones de los estudios internacionales (por ejemplo, el PIRLS o el Programa para la Evaluación Internacional de Alumnos-PISA) indican que existen diferencias considerables en el valor de la correlación dentro de la clase entre distintos sistemas educativos. Además, los sistemas con un nivel de rendimiento nacional bajo tienden a presentar mayores diferencias en los niveles de rendimiento entre escuelas.

FIGURA 2.1

Habilidades de lectura y estrategias, y puntajes de corte de 4.° grado, según puntos de referencia, para la Escala de Comprensión Lectora Combinada, PIRLS, 2001

Referencia	Puntajes de punto de corte	Habilidades y estrategias de lectura
10 % superior	615 y mayor	• Demostrar capacidad de integrar ideas e información. • Ofrecer interpretaciones basadas en el texto sobre sentimientos y conductas de los personajes. • Integrar ideas a lo largo del texto para explicar el significado más amplio o el tema de la historia. • Demostrar comprensión del material informativo integrando la información provista en distintos tipos de materiales y aplicándola correctamente a situaciones del mundo real.
Cuarto superior	570 y mayor	• Demostrar capacidad para realizar inferencias y reconocer algunas características textuales en textos literarios. • Realizar inferencias para describir y comparar el proceder de los personajes.
Mediana	510 y mayor	• Realizar interpretaciones básicas. • Localizar partes específicas del texto desde donde obtener información. • Realizar observaciones de textos completos.
Cuarto inferior	435 y mayor	• Extraer detalles específicos de distintos textos literarios e informativos.

TABLA 2.7
Niveles de habilidades de lectura de 5.° grado en la Evaluación Nacional: Vietnam

Nivel de habilidad	Rendimiento	Porcentaje de alumnos	Error estándar
1	El alumno relaciona el texto, tanto palabras como oraciones, con la ayuda de imágenes. La capacidad se restringe a un abanico limitado de vocabulario vinculado con las imágenes.	4,6	0,17
2	El alumno ubica el texto expresado de manera resumida, en oraciones repetitivas, y es capaz de trabajar con el texto sin la ayuda de imágenes. El tipo de texto se limita a oraciones breves y frases con estructuras repetitivas.	14,4	0,28
3	El alumno lee y comprende fragmentos más largos. El alumno puede recorrer el texto hacia adelante o hacia atrás en busca de información y comprende el parafraseo. Es capaz de comprender oraciones con estructura algo compleja gracias a la ampliación del vocabulario.	23,1	0,34
4	El alumno vincula la información de distintas partes del texto. Selecciona y conecta el texto para deducir e inferir distintos significados posibles.	20,2	0,27
5	El alumno vincula inferencias e identifica la intención del autor a partir de información presentada de maneras diferentes en distintos tipos de texto y en documentos donde el mensaje no es explícito.	24,5	0,39
6	El alumno combina el texto con conocimientos externos para inferir distintos significados, incluidos los significados ocultos. Identifica los objetivos, las actitudes, los valores, las creencias, los motivos, los supuestos tácitos y los argumentos del autor.	13,1	0,41

Fuente: Banco Mundial 2004, vol. 2: tabla 2.1.

CORRELACIONES DEL RENDIMIENTO

Una evaluación nacional generalmente reúne información demográfica y sobre otros factores de contexto que permite realizar comparaciones entre el rendimiento de los subgrupos de una populación. Esta información, cuando se correlaciona con el rendimiento del alumno en análisis estadísticos, puede responder preguntas esenciales en una evaluación nacional, como las siguientes:

- ¿El sistema desatiende a algún grupo en particular?
- En cuanto al desempeño entre los grupos, ¿existen vacíos lo suficientemente importantes para requerir medidas correctivas?
- ¿Cuáles son los factores asociados al bajo rendimiento?

Así, al relacionar los resultados con los aportes suministrados y los procesos utilizados, la evaluación nacional muestra "la situación de hecho". No obstante, también puede mostrar "lo que podría ser", al demostrar que algunos sectores del sistema logran resultados de rendimiento más deseables (alto rendimiento) y al intentar identificar los factores asociados con ese éxito relativo.

Si las muestras de una evaluación nacional tienen un tamaño suficiente, se pueden obtener pruebas sobre el rendimiento por sexo, por región (por ejemplo, por provincia), por ubicación (urbana o rural), por grupo étnico o por idioma, y por tipo de institución (pública o privada). Impulsadas en parte por el énfasis que actualmente ponen en la igualdad de género los programas Educación para Todos e Iniciativa de Vía Rápida, las evaluaciones nacionales, en general, examinan las diferencias de rendimiento entre niños y niñas. La figura 2.2 presenta un resumen de los resultados de la evaluación nacional de Sri Lanka referidos a los porcentajes de alumnos de sexo masculino y femenino que alcanzan el "dominio" en su lengua materna, matemáticas e inglés.

En una evaluación nacional realizada en Kuwait también se identificaron diferencias entre los sexos en cuanto al rendimiento en lectura (Figura 2.3). En este caso, las diferencias estuvieron asociadas al tiempo transcurrido viendo la televisión. No es sorprendente, quizá, que los puntajes de rendimiento en lectura más bajos se relacionen con períodos prolongados dedicados a mirar televisión.

FIGURA 2.2

Porcentajes de alumnos de sexo masculino y femenino que alcanzan el mayor grado de conocimiento en la Evaluación Nacional, 4.° grado, por área curricular: Sri Lanka

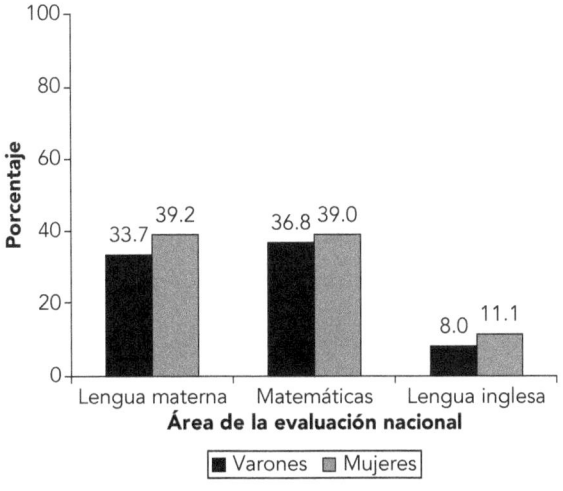

Fuente: Centro Nacional de Investigación y Evaluación de la Educación de Sri Lanka 2004: Figura 4.44. Reproducido con autorización.

FIGURA 2.3

Porcentajes de alumnos que miran televisión durante períodos de distinta duración, por sexo y puntaje de lectura promedio: Kuwait

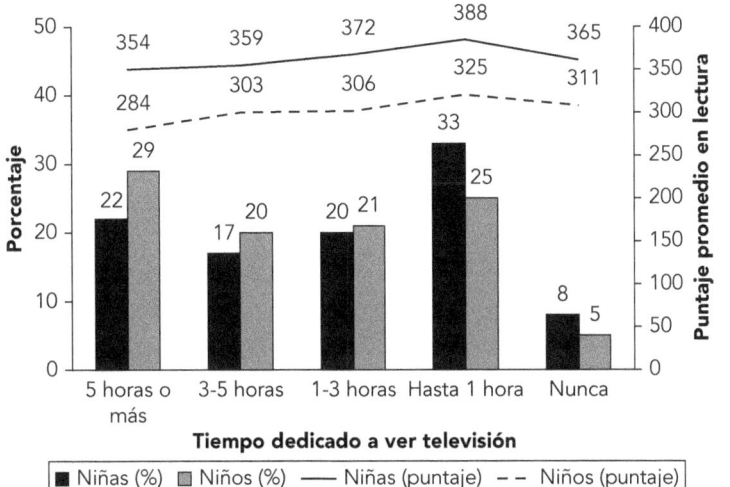

Fuente: Ministerio de Educación de Kuwait 2008. Reproducido con autorización.

La Tabla 2.8 presenta información sobre los rendimientos en matemáticas de los grupos raciales de Sudáfrica sobre la base de los datos recopilados para el Estudio Internacional de Tendencias en Matemáticas y Ciencias (TIMSS). La Tabla 2.9 presenta información sobre diferencias regionales en una evaluación nacional realizada en Nepal.

La evaluación nacional de Etiopía también ofrece información sobre la distribución del rendimiento por región (figura 2.4). Las conclusiones de la evaluación sugieren, al menos, dos opciones de política. Por un lado, indican que el apoyo podría dirigirse a las regiones que presentan la mayor cantidad de alumnos con puntajes bajos (Oromiya, Somali, Dire Dawa) en una medición combinada (sobre la

TABLA 2.8

Puntajes medios en matemáticas, 8.° grado, por grupo racial, Sudáfrica

Grupo racial	Cantidad de alumnos	Puntaje medio	Error estándar	Mínimo	Máximo
Africanos	5412	254	1,2	5	647
Asiáticos	76	269	13,8	7	589
De color	1172	339	2,9	34	608
Indios	199	341	8,6	12	612
Blancos	831	373	4,9	18	699
Total o media general[a]	8147	275	6,89		
Media internacional		487	0,7		

Fuente: Howie 2002. Reproducido con autorización.
a. Sobre la base de los datos nacionales sudafricanos del Tercer Estudio internacional en Matemáticas y Ciencias.

TABLA 2.9

Puntajes medios en la evaluación nacional del idioma nepalí, 5.° grado, por región: Nepal

Región	Número	Puntajes medios	Desviación estándar
Este	802	51,32	16,7
Centro	932	50,91	19,5
Oeste	1018	52,9	13,2
Medio Oeste	465	50,8	12,7
Lejano Oeste	293	49,1	13,2

Fuente: Centro de Servicios Educativos y de Desarrollo de Nepal 1999. Reproducido con autorización.

FIGURA 2.4

Diferencias regionales en el rendimiento, 4.° grado: Etiopía

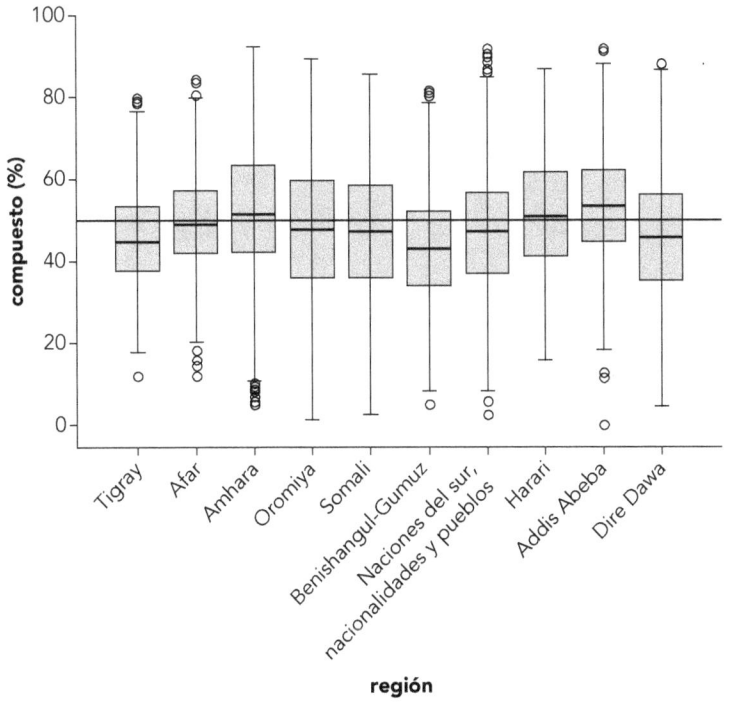

Fuente: Gebrekidan 2006. Reproducido con autorización de la Agencia de Aseguramiento de la Calidad y de los Exámenes de Etiopía.
Nota: La media está representada por la línea negra oscura; el recuadro se extiende desde una variación estándar de −1 SD a +1 SD, y las líneas finales, de −1,96 SD a +1,96 SD. Las marcas fuera de las líneas finales representan valores atípicos o extremos.

base de los puntajes de las pruebas de lectura, matemáticas, ciencia medioambiental e inglés). Por otro lado, la decisión de prestar apoyo podría basarse en los puntajes de rendimiento medio más bajos (Tigray, Benishangul-Gumuz).

Muchas evaluaciones nacionales, aunque no todas, recogen información en cuestionarios sobre aspectos de las experiencias educativas de los alumnos, así como el entorno familiar y de la comunidad para proporcionar pautas acerca de los factores escolares y extraescolares que influyen en el progreso educativo de los alumnos. En la evaluación nacional de Vietnam, por ejemplo, contar con un espacio privado de la casa destinado al estudio se asoció a un mayor rendimiento, incluso cuando se incluyeron más evaluaciones globales del contexto familiar. También pudieron diferenciarse las escuelas y los alumnos con alto y bajo rendimiento en función de la regularidad de las comidas y de la cantidad de días de ausencia en la escuela (Banco Mundial, 2004).

La interpretación de las conclusiones de los análisis en las que el rendimiento del alumno está relacionado con otras variables requiere cierta cautela. Son numerosas las razones que no permiten dar por sentada la conclusión de que los factores relacionados con el rendimiento escolar influyen en ese rendimiento o son su causa, entre ellas:

- Por lo general, las interpretaciones causales de las relaciones identificadas en los datos transversales solo se sustentan si son compatibles con otras pruebas.
- En algunas categorías, la cantidad de escuelas o de alumnos puede ser demasiado pequeña para permitir obtener inferencias confiables.
- Los métodos de análisis estadístico pueden ser inapropiados. Los análisis que exploran las relaciones entre dos variables (por ejemplo, entre el tamaño de la clase y el rendimiento) y que no tienen en cuenta las interacciones complejas entre los datos (por ejemplo, entre las cualificaciones de los maestros y la ubicación de la escuela) pueden dar lugar a interpretaciones erróneas.
- Se requieren análisis complejos para dar cuenta de la influencia de los factores interactuantes que operan a nivel de los alumnos, la escuela y el aula. Debido a esta situación, se requieren técnicas estadísticas multinivel con análisis multivariable. Estas técnicas aíslan los efectos de una variable, que no incluyen los efectos de otras variables, mediante la eliminación o el ajuste sistemático del efecto de los grupos de variables, para mostrar que existen o no diferencias significativas entre los alumnos y las escuelas después de realizar el ajuste. Por ejemplo, determinar que las escuelas privadas son mejores que las públicas basándose en la conclusión de que los alumnos que asisten a escuelas privadas tienen mayores niveles de rendimiento que aquellos que asisten a escuelas públicas podría no tener sustento cuando las puntuaciones de los alumnos se ajustan para tener en cuenta su contexto socioeconómico.

La apreciación de las complejidades de la identificación de las causas del rendimiento se verá reforzada al comprender que, la mayoría de las veces, las variables de contexto utilizadas para recopilar datos en una evaluación nacional solo pueden ser reflejo de los factores que afectan al aprendizaje de los alumnos en un nivel más profundo y de una manera más difusa. En ese caso, se deben considerar otros datos de la investigación; incluso los análisis estadísticos complejos pueden no ser adecuados. Por ejemplo, si bien el análisis podría revelar una correlación positiva entre el aprendizaje de los alumnos y la cantidad de libros en el hogar (véase la figura 2.5), no habría justificación para concluir que la cantidad de libros está causalmente relacionada con el rendimiento del alumno, aun teniendo en cuenta otras variables. Si bien el acceso a los libros puede ser importante, es probable que el aprendizaje del alumno no dependa de forma directa de si dispone de ellos, sino de las características de un entorno que valore los libros, lo que ocurre asimismo cuando los padres valoran el rendimiento escolar, ofrecen orientación académica y apoyo a los niños, los estimulan a explorar y a analizar ideas y situaciones, y a establecer expectativas y estándares altos en relación con el rendimiento escolar (véase Kellaghan y otros, 1993).

FIGURA 2.5

Representación de la media de los puntajes de la prueba de lectura de los alumnos frente a la cantidad de libros en el hogar, 1.° y 5.° grado: Irlanda

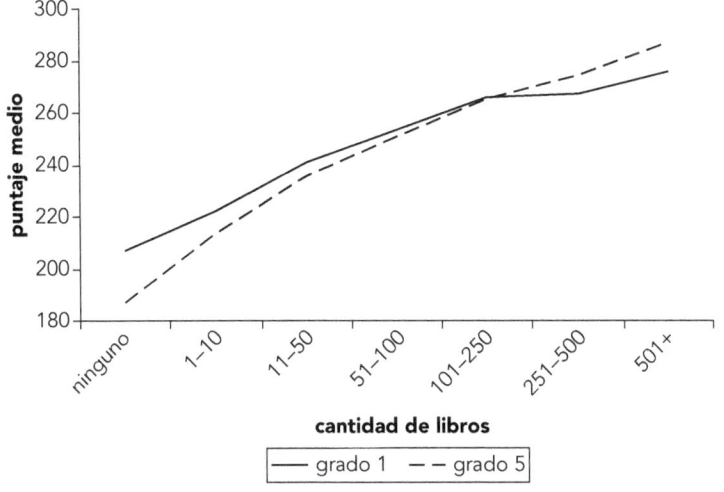

Fuente: Eivers y otros 2005a: Figura 4.2.

CAMBIOS EN EL RENDIMIENTO A TRAVÉS DEL TIEMPO

Las evaluaciones nacionales demuestran que se producen cambios en el rendimiento escolar a través del tiempo si los instrumentos de evaluación están vinculados de manera adecuada. Cuando se dispone de esta información, las conclusiones se pueden presentar como en las evaluaciones nacionales de los Estados Unidos (las NAEP) realizadas entre 1971 y 2004 (figura 2.6). El gráfico de los puntajes promedio de la escala de lectura indica que el puntaje promedio de los alumnos de nueve años fue mayor en 2004 que en cualquier año anterior. Para los alumnos de 13 años, el puntaje promedio en 2004 fue mayor que en 1971 y 1975, pero no fue distinto del puntaje promedio de otros años. En 2004, la media del puntaje de los alumnos de 17 años mostró una disminución con respecto a 1992. En el volumen 1 de esta serie (Greaney y Kellaghan, 2008: 134) se informaron

FIGURA 2.6

Tendencias de los puntajes promedio de la escala de lectura de alumnos de 9, 13 y 17 años, NAEP, 1971-2004: Estados Unidos

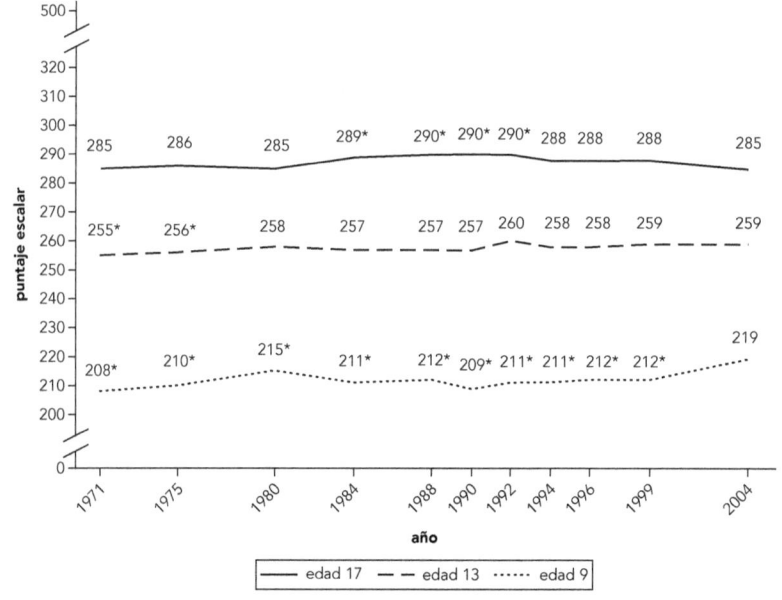

Fuente: Centro Nacional de Estadística Educativa de los Estados Unidos 2005.
Nota: * indica que un puntaje difiere significativamente del puntaje de 2004.

cambios en los puntajes de lectoescritura a través del tiempo en varios países africanos.

Si los instrumentos de evaluación lo permiten (es decir, si proporcionan una representación adecuada de los subsectores del plan de estudios), las evaluaciones nacionales pueden proporcionar información de los cambios, no solo respecto de las mediciones brutas de rendimiento escolar, sino también de los subsectores de un área del currículo. Por ejemplo, las pruebas utilizadas en las evaluaciones nacionales de 5.º grado que se llevaron a cabo en Irlanda permitieron estimar el rendimiento del alumno en una variedad de ejes de contenido y habilidades relacionados con las matemáticas. Los resultados de las evaluaciones de cinco ejes de contenido, administrados en 1999 y 2004, se presentan en la figura 2.7. Las diferencias entre los años son solo estadísticamente significativas para los temas "forma y espacio" y "datos y probabilidad." En ambos casos, se registró una mejora entre 1999 y 2004.

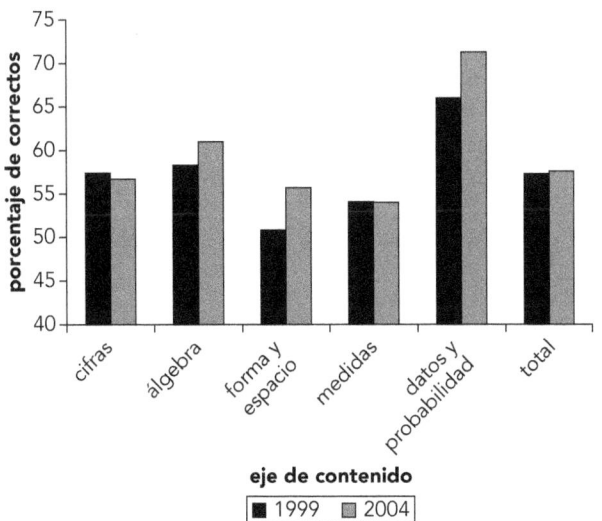

FIGURA 2.7

Media de porcentaje de los puntajes correctos de los ejes de contenidos en matemáticas, Evaluación nacional, 5.º grado, 1999 y 2004: Irlanda

Fuente: Surgenor y otros 2006: Figura 3.1.

En la figura 2.8 se informan los datos de cinco áreas de habilidades matemáticas de la misma evaluación nacional. En este caso, solo el aumento del campo "razonamiento" fue significativo entre 1999 y 2004.

En muchos países, la necesidad de monitorear el progreso para alcanzar los Objetivos de Desarrollo del Milenio y lograr la educación primaria universal para 2015 refuerza el interés en la evaluación del rendimiento a través del tiempo. No obstante, puede que los esfuerzos para mejorar la calidad de la educación deban avanzar en vista de los problemas originados por el aumento de la matrícula y la reducción de los presupuestos. En Malaui, por ejemplo, el desempeño se vio considerablemente deteriorado a raíz de una campaña para escolarizar a todos sin ofrecer los recursos necesarios para hacer frente a la eliminación de los aranceles escolares y el mayor número de alumnos (Altinok, 2008).

FIGURA 2.8

Media de porcentaje de los puntajes correctos en habilidades matemáticas, Evaluación nacional, 5.° grado, 1999 y 2004: Irlanda

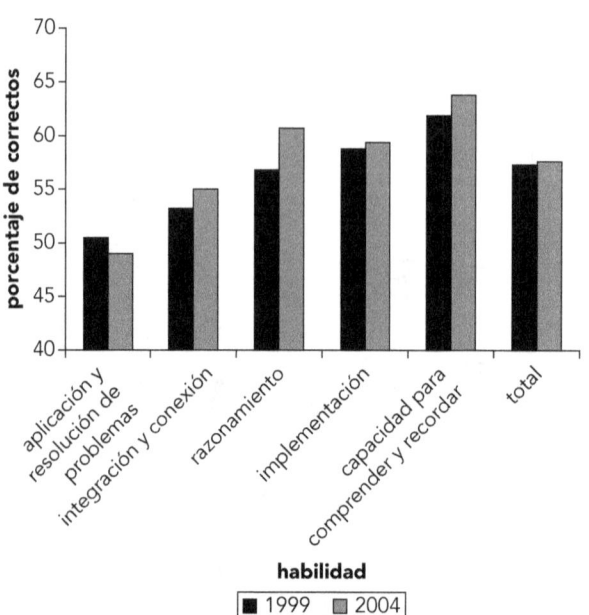

Fuente: Surgenor y otros 2006: figura 3.2.

CONCLUSIÓN

Un informe principal de la evaluación nacional debe describir el estudio de forma lo bastante detallada para convertirse en una fuente primaria de información sobre la evaluación. Al mismo tiempo, no se debe sobrecargar a los lectores con grandes cantidades de información técnica. Algunos informes proporcionan la información correcta; otros se equivocan al proporcionar información inadecuada sobre aspectos técnicos del estudio, el contenido de las pruebas de rendimiento, los métodos empleados o los errores y sesgos en las estimaciones.

Otro error es proporcionar datos solo en forma de tablas. Debido a que pocos usuarios potenciales tienen los conocimientos necesarios para formular inferencias a partir de tablas estadísticas, un método más efectivo es ilustrar las conclusiones clave en cuadros o gráficos. Incluso, un informe basado en gran medida en la presentación en tablas puede no prestar la debida atención a las conclusiones de la investigación que ayudan a explicar las relaciones reveladas en la evaluación, como por qué una variable (como el contexto familiar) es importante y qué se sabe acerca de su influencia en el rendimiento del alumno. No obstante, esta información es fundamental para que los usuarios puedan apreciar el mensaje de las conclusiones y estén en condiciones de juzgar qué medidas o acciones pueden ser necesarias para abordar las deficiencias identificadas.

Los puntos de vista y las prácticas difieren en cuanto a la inclusión de recomendaciones en un informe de evaluación nacional. Algunos informes nacionales (e internacionales) contienen recomendaciones; otros no. Los equipos de evaluación nacional deben aclarar desde el primer momento si el ministerio de educación espera que un informe contenga recomendaciones. Asimismo, si se esperan recomendaciones, los equipos de evaluación nacional deberán determinar si deben incluirlas solo cuando surgen directamente del estudio de la evaluación nacional o si pueden contener consideraciones más amplias, tales como las conclusiones relevantes de investigaciones.

CAPÍTULO 

PUBLICACIÓN DE LOS RESULTADOS DE UNA EVALUACIÓN NACIONAL: OTROS INSTRUMENTOS PARA COMUNICAR LOS RESULTADOS

En muchos casos, el único informe presentado después de una evaluación nacional es del tipo descrito en el capítulo 2. Dado que los usuarios potenciales de los datos de la evaluación son numerosos y existen públicos diferentes con necesidades distintas, este capítulo describe otras formas personalizadas de ofrecer información sobre los resultados con el propósito de satisfacer diversas necesidades. Estos métodos varían desde la publicación de informes extensos y detallados hasta la presentación de breves comunicados de prensa y la organización de sesiones informativas individuales que resuman los resultados principales de una evaluación. Aunque los responsables del diseño de los currículos y los escritores de libros de texto necesitarán información detallada sobre el aprendizaje de los estudiantes (más detallada quizá que la que se ofrece en el informe principal), es preciso presentar un conjunto de resultados resumidos o los datos más destacados a los ciudadanos, cuyos conocimientos estadísticos quizá sean limitados.

Pérez (2006) ha identificado los siguientes principios generales en relación con la comunicación de los resultados de las investigaciones, que pueden considerarse aplicables a los resultados de una evaluación nacional:

- Usar un lenguaje simple, preferiblemente a través de productos multimedia atractivos como los videos.

- Determinar claramente a los interesados y personalizar los eventos y los productos de acuerdo con sus necesidades.
- Considerar la posibilidad de captar a líderes públicos y creíbles para las labores de promoción.
- Divulgar la información a los medios de comunicación. Hacer una publicidad adecuada de los eventos.
- Utilizar eslóganes y mensajes simples que sean de fácil comprensión. Por ejemplo, una afirmación como "un niño de ocho años debe ser capaz de leer un cuento de 60 palabras en un minuto y responder tres preguntas sobre su contenido" ilustraría el criterio aplicable.
- Respaldar la emisión de todos los materiales de divulgación para un público numeroso (incluyendo presentaciones de Power Point) con información técnica de apoyo.

Los procedimientos e instrumentos que puede utilizar un equipo encargado de realizar una evaluación nacional —además del informe principal— se describen en este capítulo e incluyen lo siguiente: informar a los directivos responsables de las políticas y a los cargos ministeriales; elaborar notas informativas; publicar informes resumidos, informes técnicos e informes temáticos; promover reportes periodísticos; presentar comunicados de prensa; celebrar conferencias de prensa; realizar sesiones informativas individuales; ubicar informes en páginas web; y asegurar la disponibilidad de los datos de la evaluación.

HOJA DE ESPECIFICACIONES DEL PRODUCTO

La preparación de una hoja de especificaciones del producto será de gran ayuda para el encargado de una evaluación nacional a la hora de planificar la elaboración de los informes. Dicha hoja debe incluir los siguientes elementos:

- Nombre del producto (por ejemplo, informe principal)
- Descripción resumida del producto
- Usuarios previstos
- Prioridad del producto
- Descripción detallada del producto

- Actividades de producción clave, responsabilidades y calendario
- Costes de producción
- Fecha de lanzamiento prevista (y local, si corresponde)
- Precio del producto
- Dependencia de otros productos o contribuciones.

Dado que es prácticamente inevitable que el número potencial de productos y servicios supere los recursos técnicos y financieros disponibles para el equipo encargado de la evaluación nacional, los productos deben priorizarse con el fin de mostrar los que tengan el mayor potencial para instituir una reforma. El equipo de la evaluación nacional debe planificar y calcular el coste del espectro total de productos y servicios, con el fin de poder actuar rápidamente en caso de tener acceso a una financiación suplementaria.

INFORMAR A LOS MINISTROS Y A LOS FUNCIONARIOS RESPONSABLES DE LAS POLÍTICAS

Los equipos que realizan la evaluación nacional deben preparar sesiones informativas (preferentemente por escrito) para el ministro y los altos funcionarios del ministerio de educación. Ellos querrán obtener información concisa sobre los resultados principales de una evaluación y las posibles implicaciones de dichos resultados (Beaton y Johnson, 1992). Dado que los ministros suelen recibir una ingente cantidad de documentos que deben leer cada día, la nota informativa debe ser breve y abordar la cuestión de manera clara.

Los ministros y los altos funcionarios ministeriales rara vez están interesados en leer informes completos, pero necesitan conocer los resultados clave y estar advertidos sobre los argumentos que pueden esgrimir los medios de comunicación, el parlamento o las partes interesadas en el sistema educativo (por ejemplo, los sindicatos de educadores) después de la publicación del informe de una evaluación. Ellos necesitan esa información aun en el caso de que las noticias sean "malas". Las "buenas" noticias no son siempre bien recibidas por algunos públicos porque pueden implicar que no es necesario contar con recursos adicionales.

Es preciso prestar particular atención a la forma en que se informa e interpreta los diferentes resultados para subpoblaciones. Si algunos grupos se desempeñan de forma deficiente, esto puede resultar políticamente embarazoso para los políticos porque los resultados pueden interpretarse como una prueba del abandono de esos segmentos de la población. Podría incluso ser un motivo para no realizar una evaluación nacional, o en el caso de que esta ya existiera, para no publicar sus resultados.

Muchos ministerios gubernamentales tienen formatos estándar para las sesiones informativas ministeriales. Se deben utilizar dichos formatos, a menos que se consideren inadecuados para la tarea. Las notas informativas eficaces sobre una evaluación nacional podrían incluir lo siguiente:

- Una definición concisa del propósito de la evaluación
- Una o dos frases que destaquen por qué es importante que el ministro conozca los resultados
- Una descripción breve de los antecedentes de la evaluación (como por ejemplo, quién la realizó y a qué población estaba dirigida).
- Los resultados esenciales, especialmente aquellos que podrían tener implicaciones sobre las políticas (como los niveles de rendimiento de los estudiantes, las diferencias regionales y de género, la asignación de recursos a centros educativos)
- Los siguientes pasos posibles que podrían suponer opciones, tal como someter a debate si el ministro debería hacer una declaración pública sobre algunos de los resultados, recomendar que una autoridad curricular o instituciones de formación de docentes analice los resultados, o sugerir una nueva evaluación nacional en diferentes áreas curriculares
- Recomendaciones para asesorar al ministro con respecto a la respuesta que debe ofrecerse para las opciones enumeradas
- Información sobre la posibilidad de incluir documentos adjuntos, tal como un comunicado de prensa, un resumen de la evaluación nacional o el informe completo
- Nombre del miembro del equipo de la evaluación nacional con el que se puede contactar en caso de que el ministro solicite información adicional

PUBLICAR INFORMES RESUMIDOS

Además del informe principal, se suele publicar también un informe resumido para los lectores que no tienen conocimientos técnicos. Dicho informe puede ser muy breve, como es el caso de los resúmenes a nivel estatal o las explicaciones sucintas suministradas por la Evaluación Nacional del Progreso Educativo (*NAEP*) en su página web. El recuadro 3.1 presenta el informe resumido del rendimiento de los alumnos de cuarto grado de Illinois en la evaluación de Lectura de 2007.

Algunos informes resumidos pueden ser un poco más extensos. Por ejemplo, después de una evaluación nacional sobre Geografía en los grados 4, 8 y 12, el Centro Nacional para las Estadísticas de la Educación (NCES, por sus siglas en inglés) elaboró un resumen de los resultados en la serie de datos de la NAEP (aproximadamente seis páginas) con el título "Geografía: ¿cuáles son los conocimientos de los alumnos y qué saben hacer?" El informe describía qué áreas habían dominado los alumnos de los percentiles 25, 50 y 90 de cada grado (Vanneman, 1996). Otros informes son más extensos y pueden incluir una breve descripción de todos los componentes del informe principal.

Se encuentran disponibles los informes principales y los informes resumidos sobre la evaluación nacional de lectura en lengua inglesa en Irlanda (Eivers y otros, 2005a, 2005b). Es posible acceder a ambas publicaciones a través de la página web del Centro de Investigaciones Educativas (http://www.erc.ie). El informe principal de la NAEP de los EE. UU. referente a Historia (grados 4, 8 y 12) y un informe resumido se pueden descargar de: http://nces.ed.gov/nationsreportcard/ushistory/.

Los principales lectores de los informes resumidos suelen ser los docentes. En ese caso, los informes resumidos generalmente incluyen recomendaciones para la enseñanza que surgen de la evaluación (véase el capítulo 6). Por ejemplo, después de la administración de la prueba del Programa para la Evaluación Internacional de Alumnos (PISA) en Irlanda en 2003 (Shiel y otros, 2007) se publicó una guía para docentes sobre los logros en matemáticas de alumnos irlandeses de quince años. El informe contiene ejemplos de los ítems ensayados junto con la información sobre el rendimiento de los estudiantes y sobre la medida en que los maestros irlandeses enseñan matemáticas de acuerdo con el

RECUADRO 3.1

Informe resumido del nivel de rendimiento en lectura de los alumnos de 4.° grado del estado de Illinois en la NAEP de 2007: EE. UU.

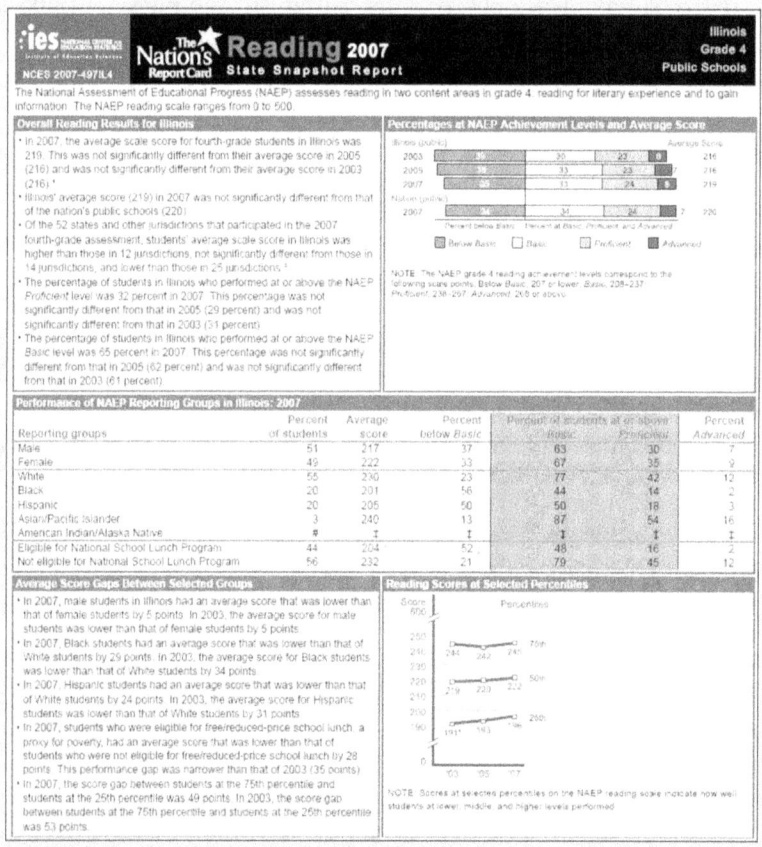

Fuente: Centro Nacional de Estadísticas Educativas de EE. UU. 2007.

programa PISA. El recuadro 3.2 contiene tres de las diversas recomendaciones para docentes que se incluyen en el informe.

Los informes resumidos pueden centrarse en otros grupos de interés, tal como sigue:

- Los sindicatos de docentes y maestros representan los intereses colectivos de los mismos y pueden ser agentes importantes para propiciar un cambio u oponerse a él. A menudo tienen un gran interés por utilizar la información con el fin de respaldar sus posturas.

> **RECUADRO 3.2**
>
> **Sugerencias para aplicar el enfoque de PISA a la enseñanza y el aprendizaje de las matemáticas: Irlanda**
>
> Las siguientes recomendaciones proceden de una guía para docentes elaborada por el Centro de Investigación Educativa y publicada por el Departamento de Educación y Ciencia de Irlanda después de una evaluación nacional:
>
> > Hacer hincapié en un enfoque más interactivo para la enseñanza de las matemáticas, en el cual los alumnos participan en el debate de problemas, tanto antes como después de su resolución. El debate debe centrarse en identificar las matemáticas necesarias para resolver un problema y en comunicar el razonamiento de los alumnos después de resolverlo.
> >
> > Hacer hincapié en la amplia gama de competencias cognitivas (procesos) durante la enseñanza. Un énfasis excesivo en la reproducción en las aulas y en los exámenes significa que muchos alumnos pueden no tener la oportunidad de aplicar competencias de mayor nivel, como por ejemplo conectar y reflexionar. Es probable que la aplicación de esas competencias por parte de los estudiantes de todos los niveles de capacidad resulte en una mayor comprensión conceptual y una mayor independencia para resolver problemas.
> >
> > Implementar un mayor equilibrio entre preguntas sin contexto y preguntas relacionadas con contextos del mundo real. Muchas de esas preguntas no tienen contexto en los libros de texto actuales y en los exámenes. Esos ítems desempeñan una función importante en el desarrollo de las habilidades matemáticas básicas, pero también es importante ofrecer oportunidades a los alumnos para que participen en los problemas del mundo real. Dicha participación consigue que las matemáticas tengan mayor importancia para ellos y les ofrece la oportunidad de desarrollar una gama más amplia de competencias matemáticas.
>
> *Fuente:* Shiel y otros 2007: 48.

- Los líderes de la comunidad, incluidos los políticos locales, necesitan información para determinar si el sistema educativo está produciendo lo que la comunidad necesita para alcanzar determinados objetivos sociales, culturales y económicos.
- Los empleadores y los líderes empresariales necesitan información objetiva sobre los logros de aprendizaje de los alumnos como un indicador de la calidad de la preparación de los futuros empleados.
- Los ciudadanos pueden utilizar la información de una evaluación nacional para juzgar si el sistema educativo está alcanzando sus objetivos en relación con el acceso, la calidad, la eficacia y la igualdad, lo que puede conducir a ejercer presiones para mejorar la educación.

- Los organismos donantes buscan información objetiva para evaluar la eficacia de los programas o para justificar la asistencia al sector educativo o a un subgrupo particular de población o una región geográfica.

PUBLICAR INFORMES TÉCNICOS

Los informes técnicos son un elemento crucial en una evaluación nacional porque ofrecen a los miembros de las comunidades investigadoras y científicas información detallada sobre la evaluación que les permite evaluarla críticamente. Los informes técnicos también actúan como un registro de las actividades incluidas en la evaluación, lo que resultará útil para su inclusión en ciclos futuros de una evaluación.

Algunas evaluaciones nacionales publican solamente un informe, que sirve como informe general y también como informe técnico. Un ejemplo de ello es el informe australiano sobre el rendimiento de los alumnos en tecnologías de la información y comunicación desde los 6 a los 10 años; contiene detalles técnicos sobre niveles de competencia y procedimientos de muestreo (Ainley, Fraillon y Freeman, 2007). Otros informes se centran en los aspectos más técnicos del muestreo, el análisis de ítems, las técnicas y criterios de puntuación, los análisis estadísticos, la elaboración de escalas y el control de calidad. Se puede encontrar ejemplos en *The Trends in International Mathematics and Science Study 2003: Technical Report* (Martin, Mullis y Chrostowski, 2004) y en *Reading Literacy in the United States: Technical Report of the U.S. Component of the IEA Reading Literacy Study* (Binkley y Rust, 1994).

En la tabla 3.1 se ofrece una lista de las actividades que debe cubrir un informe técnico. Se debe prestar particular atención al desarrollo de instrumentos, a la descripción de la población o muestra evaluada, a la elaboración de una escala de ítems y al análisis estadístico.

PUBLICAR INFORMES TEMÁTICOS

Los informes temáticos analizan los aspectos de los resultados de una evaluación relacionados con un tema específico que no se ha tratado

TABLA 3.1

Informe técnico: contenido sugerido

Sección	Algunas actividades	Ejemplos o comentarios
Objetivo	Describir el contexto y los principales objetivos de la evaluación nacional.	Supervisar los cambios en los niveles de rendimiento desde la última evaluación nacional, informar sobre la incidencia de las diferencias regionales en el rendimiento de los alumnos, o ambos.
Definición del tema	Definir el tema que se ha de evaluar. Enumerar los aspectos del tema evaluado (como vocabulario, comprensión o conducta).	La *comprensión lectora* se define como la "habilidad para comprender y utilizar las formas de lenguaje escrito exigidas por la sociedad o valoradas por el individuo" (Campbell y otros, 2001: 3).
Detalles de lo que se ha de medir	Describir las áreas de contenido y los niveles cognitivos que se han de evaluar para cada tema y grado. Incluir detalles del ítem.	Incluir un documento de especificaciones técnicas o tabla de especificaciones. Indicar el número de ítems de opción múltiple, ítems de respuesta cerrada e ítems de respuesta amplia.
Desarrollo de instrumentos	Ofrecer detalles de la elaboración de las pruebas piloto, los cuestionarios y del manual administrativo, incluyendo revisiones.	Incluir un resumen de las revisiones de la autoridad del currículo y de los docentes sobre la idoneidad de los ítems de la prueba. Si las pruebas o los cuestionarios son traducidos, describir cómo se comprobó la exactitud de la traducción.
Población o muestra evaluada	Si se trata de una muestra, indicar el tamaño de la misma y el criterio para excluir alumnos, y para agrupar y reemplazar escuelas.	Informar sobre la población deseada, definida y excluida (por ejemplo, edad o grado, pública y privada); tasas de participación; estratificación de las muestras; tipo de muestra (por ejemplo, conglomerado, número de etapas); método de determinación del tamaño de las muestras y método de cálculo de errores.
Operaciones	Describir la selección de examinadores y las medidas de control de calidad.	Describir los procedimientos para garantizar la entrega segura, el almacenamiento y la devolución de todos los instrumentos de evaluación.

(continúa)

TABLA 3.1 *(continúa)*

Sección	Algunas actividades	Ejemplos o comentarios
Puntuación	Describir los procedimientos de puntuación y las medidas de control de calidad.	Indicar el porcentaje de los diferentes tipos de ítems de la prueba que fueron sometidos a una nueva puntuación independiente.
Captura y depuración de datos	Describir los procedimientos y las medidas de control de calidad.	Explicar de qué forma se detectó y modificó los errores específicos en los registros de los alumnos.
Análisis de ítems	Resumir la dificultad de los ítems y los niveles de discriminación.	Indicar si los ítems eran técnicamente adecuados en todas las regiones y grupos lingüísticos, si es pertinente. Dar razones para la eliminación de cualquiera de los ítems.
Elaboración de escalas de ítems	Si se usa la teoría de respuesta al ítem (TRI), explicar cómo se computaron las puntuaciones por escala y los niveles de competencia.	Describir la función de los especialistas en un área temática para determinar los niveles de competencia.
Análisis de los datos evaluados	Presentar los resultados estadísticos del resumen, incluidos los errores estándar. Comparar los resultados con los de la anterior evaluación nacional, si es apropiado. Analizar los datos sobre los temas sugeridos por el comité directivo.	Enumerar los procedimientos estadísticos precisos; identificar el software utilizado; describir el método para calcular errores estándar, niveles de importancia estadística, y la forma de gestionar los datos faltantes. Explicar cómo se calcularon los índices en caso de haberse utilizado (por ejemplo, recursos del centro educativo o interés de los padres por la educación). Comparar las diferencias regionales en cuanto a rendimiento. Relacionar el rendimiento con las características de los alumnos (edad, sexo, actitudes frente al tema); escuela (cualificaciones de los docentes, recursos del centro educativo); o antecedentes familiares (tamaño de la familia, educación de los padres).
Conclusiones	Ofrecer un resumen de las conclusiones principales. Asesorar sobre las limitaciones de los resultados.	Ofrecer recomendaciones justificables basadas en los resultados, si así se solicita al inicio.

detalladamente en el informe principal. Un informe temático puede analizar patrones de error en las respuestas de los alumnos a aspectos particulares del currículo o a un conjunto de ítems de una prueba de rendimiento. Dichos análisis pueden ayudar a identificar qué aspectos de un currículo deben reformarse o en cuáles es preciso reforzar la instrucción. Por ejemplo, se realizó un análisis de patrones de error de los ítems de ciencias de PISA 2006 para los alumnos de Qatar (DataAngel Policy Research, 2007). A pesar de su potencial para mejorar la práctica, se realizan muy pocos análisis de este tipo.

Un informe temático puede centrarse en una subpoblación que es de interés para un público particular o que se relaciona con una

FIGURA 3.1

Las puntuaciones medias de lectura por escala según el grupo racial o étnico, NAEP, 4.° grado, 2005: EE. UU.

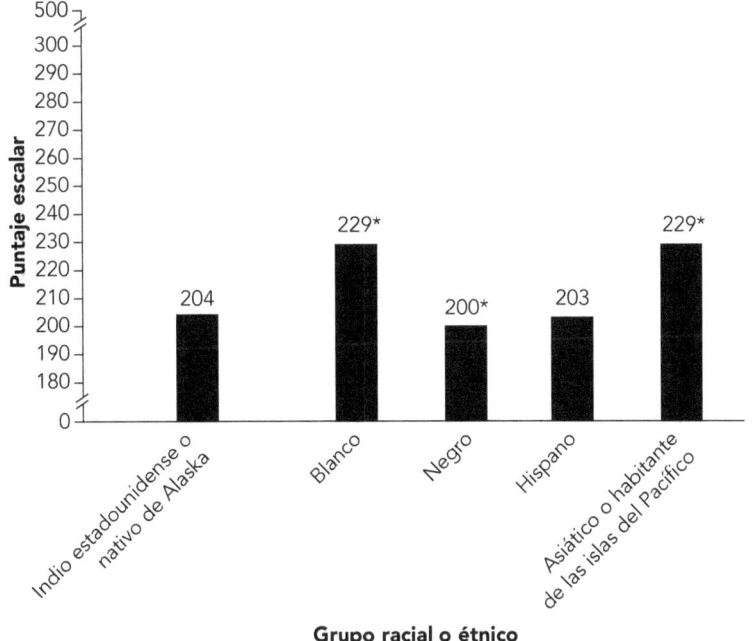

Fuente: Centro Nacional de Estadísticas Educativas de EE. UU. 2006b: figura 2.17.
Nota: los resultados se basan en una muestra nacional de la NAEP. Negro incluye a los afroamericanos; hispano incluye a los latinos; y habitante de las islas del Pacífico incluye a los nativos hawaianos. Las categorías de raza incluyen el origen hispano. * indica que la puntuación es significativamente diferente a la de los alumnos que pertenecen a los grupos de indios estadounidenses y nativos de Alaska.

política determinada (por ejemplo, niños y niñas, grupos raciales o étnicos, alumnos con entornos familiares desfavorecidos o alumnos que viven en zonas rurales). La figura 3.1 muestra un ejemplo que compara las puntuaciones de rendimiento en lectura de los alumnos, que están clasificados por raza o grupo étnico de acuerdo con los datos de la evaluación nacional de los EE. UU.

Ejemplos de informes temáticos que incorporan métodos estadísticos avanzados y presentan los resultados de una forma accesible y políticamente relevante pueden encontrarse en estudios que utilizan los datos del *Consorcio del África Austral y Oriental para el Monitoreo de la Calidad de la Educación* (SACMEQ) y el Programa de análisis de los sistemas educativos de la CONFEMEN (Conferencia de Ministros de Educación de los Países de Habla Francesa), o PASEC, sobre la rentabilidad de los insumos escolares (Michaelowa y Wechtler, 2006) y las diferencias de alfabetización de los entornos rural y urbano (Zhang, 2006) y los estudios que utilizan datos de PISA sobre la "participación en la lectura" de los alumnos de quince años (Kirsch y otros, 2002).

PROMOVER REPORTES PERIODÍSTICOS

Los informes impresos son productos muy caros. Además, este tipo de publicaciones puede no ser apropiado para muchas personas que pueden tener interés en los resultados de una evaluación nacional. Por el contrario, los medios de comunicación (prensa, radio, televisión o videos) pueden ofrecer una forma no costosa de divulgar los mensajes principales de una evaluación nacional a individuos que de otro modo probablemente no los conocerían. Por una parte, el hecho de no conseguir cobertura de los medios de comunicación puede significar que una evaluación pase desapercibida; y por otra, cuando los medios de comunicación se muestran críticos con una evaluación, o generan mensajes sensacionalistas o inexactos, el sistema de la evaluación nacional puede resultar amenazado.

La radio puede llegar a gran cantidad de personas y puede ser particularmente apropiada para aquellos que tienen un bajo nivel educativo. La televisión también puede alcanzar a un público numeroso y tiene una función importante para despertar el interés público. Sin embargo las presentaciones en la radio y la televisión son generalmente demasiado superficiales y escuetas como para facilitar una comprensión real de los resultados de un estudio de investigación o de sus implicaciones.

En Latinoamérica se consiguió hacer un mejor uso de la televisión para informar al público sobre los resultados de una evaluación. Después de la divulgación de los resultados de una evaluación internacional realizada por el Laboratorio Latinoamericano de Evaluación de la Calidad de la Educación (véase el volumen 1, apéndice C3, de esta serie; Greaney y Kellaghan, 2008), los detalles se dieron a conocer a través de un video que se emitió por televisión en todo el continente (Ferrer y Arregui 2003). El hecho de utilizar videos y televisión para informar los resultados de una evaluación nacional o internacional se ha visto reforzado por el hallazgo en Perú de que los vídeos eran mucho más efectivos que las conferencias o que las presentaciones con Power Point para el diálogo con las partes interesadas sobre las políticas educativas (Pérez 2006).

EMITIR COMUNICADOS DE PRENSA

Un comunicado de prensa es una breve declaración escrita presentada a los medios de comunicación. El formato y el contenido del comunicado variarán dependiendo de quién lo presente. Un comunicado de prensa del ministerio de educación tenderá a destacar los aspectos positivos de los resultados, mientras que uno presentado por un organismo de investigación tenderá a asumir una postura más neutral. En el inicio, la persona responsable de redactar el comunicado de prensa debe aclarar a qué tipo de público va dirigido: al público general, a los funcionarios de gobierno o a los expertos. Conocer el público objetivo ayudará a determinar la cantidad de información técnica que se debe incluir y el tono del comunicado de prensa.

Preparar un comunicado de prensa ayuda a reducir, aunque no eliminar, la tendencia de los periodistas a simplificar excesivamente los resultados de la evaluación. Algunos de ellos pueden empeñarse en destacar un resultado políticamente perjudicial en vez de presentar un punto de vista equilibrado y neutral.

Un comunicado de prensa debe comenzar por la fecha de presentación y el nombre y dirección del organismo responsable de la presentación (ministerio de educación, instituto de investigación u otro organismo). Si fuera posible, debe incluirse el logotipo del organismo en el encabezamiento). Este debe presentarse en negrita y debe ser breve e interesante; puede ser la única oportunidad de atraer la atención de los lectores. "Presentación del informe de evaluación nacional" es breve, pero "Nuevo informe que destaca los éxitos en el sector educativo" es a la vez breve e interesante. Se debe incluir una frase inicial para despertar el interés del lector, seguida de una o dos oraciones que profundicen en la cuestión esencial.

La sección principal de un comunicado de prensa debe basarse en hechos y contener respuestas breves para las siguientes preguntas:

- ¿Quién realizó la evaluación nacional?
- ¿Por qué motivo se realizó?
- ¿Cuándo se realizó?
- ¿Cómo se realizó?
- ¿Cuáles fueron los resultados principales?
- ¿Por qué son importantes?

Los autores de un comunicado de prensa deben:

- Tener una idea clara de las conclusiones que esperan de los lectores después de conocer el comunicado
- Concentrarse en los hechos y no adornar los resultados
- Evitar oraciones extensas, términos técnicos y jerga estadística
- Utilizar verbos en voz activa
- Organizar el texto tal como les gustaría que se publicara en el periódico
- Limitar el comunicado a una o, como máximo, dos páginas a doble espacio
- Comprobar que el texto es correcto en cuanto a la gramática y a los hechos en los que se basa, y que no tiene errores ortográficos
- Ofrecer un número telefónico de contacto
- Utilizar ### tras la última línea del texto para marcar el fin del comunicado de prensa.

Si se utilizan diagramas, estos deben ser fácilmente comprensibles, tener un objetivo claro y no presentar demasiados detalles ni utilizar notas al pie. Los gráficos de barras se consideran más eficaces que los gráficos de líneas (Hambleton y Slater, 1997).

El recuadro 3.3 presenta un fragmento de un comunicado de prensa de dos páginas sobre la evaluación nacional de 2007 en EE. UU. En el recuadro 3.4 se presenta un modelo de otro comunicado.

CELEBRAR CONFERENCIAS DE PRENSA

Si la intención es llegar a una amplia gama de medios de comunicación, incluyendo prensa, radio y televisión, en general es necesario celebrar una conferencia de prensa. Los miembros clave del comité director nacional y el coordinador nacional de las investigaciones deben presentar los resultados. Las presentaciones deben tener una duración aproximada de unos 20 minutos y reservar otros 10 minutos para responder preguntas. Como la experiencia parece indicar que resulta difícil conseguir que los oradores se desvíen de los mensajes convenidos, estos deberían preparar la presentación por anticipado así como también sus respuestas a las preguntas previstas.

Los participantes deben recibir una copia del comunicado de prensa, un resumen del informe de los resultados de la evaluación nacional, breves notas biográficas sobre los oradores y una nota de antecedentes del organismo que realizó la evaluación (cuando no se trata del ministerio de educación).

Las conferencias de prensa celebradas para promover la divulgación de los resultados de una evaluación nacional pueden entrañar algún riesgo. Algunos periodistas y grupos de interés pueden utilizar giros sensacionalistas para hablar de los resultados y desvirtuar así los mensajes claves. Las preguntas de los medios de comunicación suelen enfocarse en los resultados deficientes. Los medios de comunicación populares de muchos países muestran una tendencia a ofrecer explicaciones simplistas de temas complejos (como las causas de la disminución o el aumento de los niveles de logro de los alumnos). Es importante que la conferencia de prensa se utilice para corregir conclusiones injustificadas, como por

> **RECUADRO 3.3**

Fragmento de un comunicado de prensa, NAEP: EE. UU.

COMUNICADO DE PRENSA
Publicación retenida hasta el martes 25 de septiembre, 10 a.m. MODIFICAR
CONTACTO: Matt Maurer, (202) 955-9450 ext. 322,
mmaurer@communicationworks.com

Los alumnos de los EE. UU. muestran progresos en matemáticas y lectura según se deduce del Nation's Report Card™ de 2007

Los alumnos pertenecientes a minorías revelan algunos de los mayores logros

WASHINGTON (25 de septiembre de 2007)— En general, el rendimiento de los alumnos en matemáticas y lectura en los EE. UU. está en alza según se deduce de los resultados del informe nacional (Nation's Report Card™) de 2007, con algunos de los mayores logros realizados por estudiantes pertenecientes a minorías de la nación.

Dos informes publicados hoy, *The Nation's Report Card™: Mathematics 2007* y *The Nation's Report Card™: Reading 2007*, ofrecen un informe pormenorizado del rendimiento de los alumnos de 4.° y 8.° grados en la Evaluación nacional del progreso educativo (NAEP), administrado por el Departamento de Educación de los EE. UU. al principio de este año. Los informes comparan los datos nacionales y estatales de 2007 con cada uno de los años anteriores en los que se administraron las pruebas, iniciadas en 1990 para las matemáticas y en 1992 para la lectura. Según los promedios a nivel nacional, las puntuaciones para matemáticas para los alumnos de los grados 4 y 8 han seguido aumentando desde 1990. Además, la proporción de estudiantes con un rendimiento igual o superior a los niveles de rendimiento *Básico* y *Competente* ha aumentado notablemente durante los últimos 17 años. Los logros alcanzados desde 2003 son estadísticamente significativos a pesar de no ser tan importantes como los conseguidos durante algunos periodos anteriores. Mientras tanto, la puntuación media en lectura para los alumnos de 4.° grado fue la mayor puntuación en 15 años y ha aumentado desde 2003; no obstante, los logros generales desde 1992 han sido más modestos que los observados en matemáticas. La puntuación media en lectura de los alumnos de 8.° grado ha mejorado ligeramente desde 2005 pero sigue por debajo del nivel de logros observado en 2002 y es prácticamente la misma que la media de 1998.

. . .

(continúa)

RECUADRO 3.3 *(continúa)*

Para acceder a copias de *The Nation's Report Card™: Mathematics 2007* y *The Nation's Report Card™: Reading 2007*, y conocer más información sobre las evaluaciones de matemáticas y lectura de 2007 de la NAEP, visite la página http://nationsreportcard.gov a las 10 a.m. EDT el 25 de septiembre.

#

El informe nacional (*Nation's Report Card*) es la única evaluación continuada representativa a nivel nacional sobre el estado de la educación en EE. UU. y sirve como una referencia nacional del rendimiento de los alumnos desde 1969. A través de la Evaluación Nacional del Progreso Educativo (NAEP), el informe nacional ofrece información al público sobre los conocimientos de los estudiantes de los EE. UU. y de lo que son capaces de hacer en diversas áreas temáticas, y compara los datos sobre el rendimiento entre los estados y los diversos grupos demográficos de alumnos.

Fuente: http://www.nationsreportcard.gov/math_2007/media/pdf/newsrelease.pdf.

RECUADRO 3.4

Modelo de un comunicado de prensa: EE. UU.

La Junta de Educación del Estado de Michigan publicó este modelo de comunicado de prensa en "Pencils Down: A Guide for Using and Reporting Test Results":
PARA SU PUBLICACIÓN INMEDIATA:
FECHA:
CONTACTO:
Funcionario encargado de Relaciones Públicas Mary Green
555-1313

> *Los centros educativos de Mathville aluden a una cobertura tardía como causa posible de las mejoras modestas en las puntuaciones de las pruebas*

Los alumnos de cuarto, séptimo y décimo grado de Mathville experimentaron solamente una ligera mejora en algunas áreas examinadas en la prueba del Programa de Evaluación Educativa de Michigan (MEAP) de finales de septiembre.

En un informe dirigido a la Junta de Educación de Mathville, el superintendente Phred Smart afirmó que "aunque nos complace observar que se ha producido cierta mejora, aún queda mucho trabajo por realizar, especialmente en el área de matemáticas". "A pesar de que los alumnos de Mathville obtuvieron resultados superiores a la media estatal en unas pocas áreas", afirmó Smart, "estamos revisando nuestro programa de matemáticas en vista de que muchos de los conceptos incluidos en las prueba no se habían enseñado a nuestros alumnos antes de la fecha de la misma".

(continúa)

> **RECUADRO 3.4 (continúa)**
>
> _____por ciento de los alumnos de 4.º grado de Mathville,_____por ciento de los alumnos de 7.º grado, y_____por ciento de los alumnos de 10.º grado consiguieron las tres cuartas partes de los objetivos en cada nivel.
>
> Smart señala que un comité del distrito se dedicará a estudiar exhaustivamente las matemáticas de 7.º grado. Dicho comité está compuesto por docentes de 1.º a 9.º grado, el asesor en matemáticas del distrito escolar y el director de la escuela.
>
> _____por ciento de los lectores de 4.º grado de Mathville alcanzaron las tres cuartas partes de los objetivos de lectura comparados con _____ por ciento de los alumnos a nivel estatal.
>
> Los alumnos de 7.º grado obtuvieron puntuaciones superiores a la media estatal en _____ de los 25 objetivos sometidos a prueba con _____ por ciento de los alumnos dominando al menos tres cuartas partes de los objetivos, en comparación con _____por ciento de los estudiantes a nivel estatal._____por ciento de los alumnos de 10.º grado consiguieron las tres cuartas partes de los objetivos en lectura, comparados con_____por ciento de los estudiantes a nivel estatal.
>
> El MEAP se administra cada otoño a todos los alumnos de cuarto, séptimo y décimo grado de las escuelas públicas de Michigan. Estas pruebas se exigen por ley en Michigan desde 1969, y los docentes las utilizan para diseñar programas que se ajusten a las necesidades especiales de aprendizaje de los alumnos.
>
> El MEAP ayuda a determinar si los alumnos han adquirido habilidades específicas en lectura y matemáticas. Las preguntas de la prueba se extraen de un conjunto de preguntas que, según se estima, reflejan las habilidades básicas que los educadores de Michigan consideran fundamentales.
>
> Las copias de los resultados de la evaluación del distrito están disponibles para el público en las oficinas administrativas del distrito, 242 13th Street.
>
> *Fuente:* Gucwa y Mastie 1989. Reproducido con la autorización de la Junta de Educación del Estado de Michigan.

ejemplo adjudicar la culpa de los malos resultados a una sola causa o un solo grupo (por ejemplo, docentes, ministerio de educación o libros de texto).

REALIZAR SESIONES INFORMATIVAS INDIVIDUALES

Con frecuencia, publicitar el mensaje central de una evaluación nacional es más efectivo cuando se organizan sesiones individuales separadas en vez de celebrar una conferencia de prensa. Los eventos con los medios de comunicación por separado pueden ayudar a que el portavoz de la evaluación nacional establezca una buena relación con un periodista o con un presentador de radio o televisión. Esos eventos permiten también que el tiempo aclare las posibles confusiones.

PUBLICAR INFORMES EN PÁGINAS WEB

En el futuro, aumentar el acceso a la página web ayudará a garantizar que un número mayor de personas tengan a su alcance los resultados de la evaluación. Chile publica los resultados de forma pormenorizada en su página web de evaluación nacional (http://www.simce.cl). El Departamento de Educación y Ciencia irlandés presenta un resumen de los hallazgos de las evaluaciones nacionales en su sitio web oficial (http://www.education.ie/servlet/blobservlet/des_cos_preface.htm). La página inicial del sitio para el rendimiento en matemáticas enumera simplemente los títulos de los capítulos del informe, cada uno de

---

RECUADRO 3.5

Página web, rendimiento en matemáticas en escuelas primarias: Irlanda

La página web del Departamento de Educación irlandés expone el contenido del informe de la evaluación nacional sobre el rendimiento en matemáticas. Los usuarios deben simplemente hacer clic en los siguientes títulos para ver el informe:

Prólogo
Capítulo 1—Contexto de la evaluación
Capítulo 2—Instrumentos y procedimientos de evaluación
Capítulo 3—Rendimiento en matemáticas de los alumnos de la cuarta clase
Capítulo 4—Características de los alumnos y rendimiento en matemáticas
Capítulo 5—Antecedentes familiares y rendimiento en matemáticas
Capítulo 6—Ambiente en la clase y rendimiento en matemáticas
Capítulo 7—Características de la escuela y rendimiento en matemáticas
Capítulo 8—Apoyo en el aprendizaje de las matemáticas
Capítulo 9—Puntos de vista del inspector sobre la enseñanza y el aprendizaje de las matemáticas
Capítulo 10—Recomendaciones
Apéndices
Glosario

Fuente: http://www.education.ie/servlet/blobservlet/des_cos_preface.htm.

RECUADRO 3.6

Mapa del sitio, página web de la NAEP: EE. UU.

| SAMPLE QUESTIONS | ANALYZE DATA | STATE PROFILES | PUBLICATIONS | search NAEP |

THE NATION'S REPORT CARD

National Assessment of Educational Progress (home)

Site Map

About NAEP	NAEP Subjects	Special Tools
Overview	The Arts	NAEP Questions Tools
FAQs	Civics	NAEP Data Explorer
NAEP Activities	Economics	State Comparisons
Information for Selected Schools	Foreign Language	State Profiles
Parents' Information	Geography	
Inclusion of SD/ELL Students	Mathematics	
National NAEP	Reading	**More Resources**
State NAEP	Science	Contact Us
Urban District NAEP (TUDA)	U.S. History	Publications
Long-Term Trend NAEP	Writing	Glossary of Terms
High School Transcript Study	World History	Assessment Schedule
National Indian Education Study		NewsFlash Service
Special Studies		No Child Left Behind
NAEP Partners		Technical Documentation
National Assessment Governing Board		Research e-Center
		Background Questionnaires
		Sample Questions Booklets
		StatChat (Archive)

Fuente: Centro Nacional de Estadísticas Educativas de EE. UU. 2008.

los cuales puede descargarse mediante un clic (recuadro 3.5). La página web de la NAEP va un poco más allá y permite a los educadores y miembros del público interesados buscar respuestas para preguntas específicas realizando su propio análisis comparativo de los datos (Recuadro 3.6). Entrando en la página web (http://nces.ed.gov/nationsreportcard), las personas que tienen pocos conocimientos estadísticos, o ninguno, pueden obtener respuestas a preguntas asociadas al rendimiento en su propio estado, como las siguientes:

- Desde la última NAEP, ¿han aumentado o decrecido los estándares?

- ¿Existen diferencias de género en el rendimiento en lectura?
- ¿Cómo se compara el rendimiento en lectura de los alumnos de minorías con la media general estatal?
- ¿Cómo se comparan las puntuaciones obtenidas en ciencia a nivel estatal con las de los estados vecinos o con la media nacional?

PONER LOS DATOS DE LA EVALUACIÓN A DISPOSICIÓN PÚBLICA

Los datos de evaluación reales suelen ser un activo a menudo desatendido; no obstante, es posible que diversos organismos o individuos tengan interés en realizar análisis secundarios de los datos. Entre ellos se incluyen funcionarios de ministerios que no son el Ministerio de Educación (por ejemplo, Salud, Fomento o Economía); investigadores; facultativos de instituciones educativas; organismos donantes que buscan una justificación objetiva para respaldar intervenciones nacionales o específicas. Los obstáculos para que determinados individuos u organismos ajenos al equipo hagan uso de la evaluación nacional, aunque principalmente técnicos, incluyen temas de privacidad y confidencialidad.

El método tradicional de satisfacer las necesidades de usuarios secundarios ha sido elaborar y publicar enormes volúmenes de tablas estadísticas. Dichas publicaciones, sin embargo, son difíciles de usar y las tablas que contienen no suelen ajustarse a las necesidades exactas de los usuarios. Productos comerciales como iVision permiten acceder fácil y rápidamente a las tablas preplanificadas.

Muchas evaluaciones nacionales eligen elaborar un archivo de microdatos para los usuarios y la documentación técnica asociada, filtrada para proteger la confidencialidad de los alumnos, los docentes y las escuelas. Si los usuarios necesitan acceder a los datos de los alumnos, los equipos nacionales pueden establecer un servicio de acceso remoto al que los usuarios externos pueden enviar un código de análisis que se ejecuta sobre una base de datos confidencial. Los resultados son posteriormente examinados por motivos de confidencialidad. Aunque ligeramente engorroso, este método permite a los equipos de investigación nacional proteger la confidencialidad, una importante consideración dado que la participación a menudo depende de la garantía de que los resultados obtenidos por los alumnos, docentes o escuelas no serán de conocimiento público.

Los equipos de investigación nacional pueden necesitar convencer a políticos y funcionarios ministeriales de que el hecho de que los datos de la evaluación nacional estén disponibles para los usuarios redunda a largo plazo en su propio interés, incluso aunque poner los datos al alcance de críticos potenciales pudiera causar ciertos inconvenientes a corto plazo.

OTROS INSTRUMENTOS DE DIVULGACIÓN

Otros instrumentos utilizados para divulgar los resultados de una evaluación nacional incluyen conferencias, talleres, seminarios, folletos y boletines dirigidos a grupos particulares de interesados (por ejemplo, funcionarios ministeriales o docentes).

Las conferencias, los talleres y los seminarios proporcionan mecanismos para dar a conocer de muy diversas maneras la disponibilidad de los resultados de las evaluaciones para interesados clave. Ofrecen la oportunidad de alcanzar un consenso sobre lo que significan los resultados clave y sobre los pasos necesarios para solucionar los problemas identificados. Estos métodos son particularmente adecuados para informar a los siguientes grupos:

- Creadores de currículos que pueden encontrar información en una evaluación nacional para identificar los puntos débiles del rendimiento de los alumnos que tienen implicaciones para la revisión de los currículos
- Redactores de libros de texto que, como en el caso de los anteriores, pueden necesitar revisar los libros de texto o los materiales de apoyo (por ejemplo, manuales para docentes) en vista de la información relativa al rendimiento de los alumnos obtenida en una evaluación nacional
- Formadores de docentes (antes y durante el servicio) que pueden usar los resultados de una evaluación nacional para identificar las áreas más débiles en la preparación de los docentes o en sus prácticas pedagógicas.

CONCLUSIÓN

Muchos países adoptan una serie de enfoques para divulgar los resultados de una evaluación nacional. En Colombia, por ejemplo, los resultados se divulgaron a través de los medios de comunicación y se organizó un programa de talleres locales y nacionales para analizar los resultados y sus implicaciones. Las estrategias para mejorar la calidad educativa se debatieron en un seminario nacional y los administradores locales y los docentes recibieron a título individual información sobre los resultados regionales y nacionales a través de boletines y folletos. En Irlanda, se consiguió una amplia cobertura de una evaluación mediante un informe general, un informe resumido (dirigido principalmente a los docentes) y un comunicado de prensa. Los resultados también se divulgaron a través de la radio y la televisión y se publicaron en periódicos, y el Ministerio de Educación, conjuntamente con el organismo responsable de poner en práctica la evaluación nacional (Centro de Investigación Educativa), organizó un seminario nacional en el que participaron administradores, docentes y académicos.

Muchas autoridades de las evaluaciones nacionales no comunican adecuadamente los resultados de las mismas a los diversos individuos y organismos que tienen legítimo interés en la información referida al aprendizaje de los alumnos en las escuelas. Esta deficiencia supone inevitablemente graves limitaciones en el uso de los resultados. Esta situación se produce por diferentes razones, entre ellas la falta de interés por parte de los altos funcionarios del ministerio, la falta de desarrollo de una infraestructura en torno a las actividades de la evaluación nacional, la falta de apreciación de la función que pueden tener los diversos interesados a la hora de responder a los resultados de la evaluación nacional y la ausencia de recursos para producir varios informes y gestionar varios canales de información ajustados a las necesidades de los usuarios potenciales.

A medida que maduren los sistemas de evaluación nacional, se expresarán muchas demandas relativas a los recursos limitados disponibles para una evaluación. Dichas demandas se relacionarán con la frecuencia de las evaluaciones, el desarrollo de su calidad técnica, la modernización de las habilidades del personal que realiza las evaluaciones, y el aumento de la capacidad de los responsables políticos y los gestores educativos de asimilar y utilizar la información obtenida en una evaluación. En esta situación, será preciso tomar decisiones difíciles sobre la asignación óptima de recursos. En la toma de decisiones no se debe pasar por alto la importancia de los procedimientos para optimizar el uso de las evaluaciones mediante una comunicación idónea de los resultados a las partes interesadas.

CAPÍTULO 4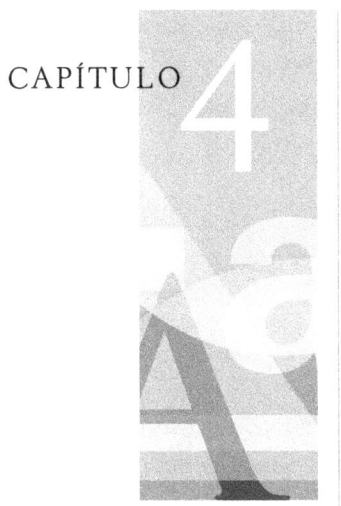

TRADUCIR LOS RESULTADOS DE LA EVALUACIÓN EN POLÍTICAS Y MEDIDAS

Aunque el objetivo principal de un sistema de evaluación nacional es describir el aprendizaje de los alumnos, su papel no se limita a esta descripción. Para justificar el esfuerzo y el gasto invertidos, la información que brinda una evaluación sobre los logros de los alumnos, sus puntos fuertes y débiles y cómo se distribuyen en la población (por ejemplo, por sexo o ubicación) debería ser de utilidad para informar políticas y tomar decisiones (relacionadas, por ejemplo, con la asignación de recursos). Una evaluación nacional también se concibe como una forma de suministrar información para quienes elaboran planes de estudios, los redactores de los libros de texto, los formadores de docentes y el público. En este sentido, una evaluación debe brindar más que información; luego de la difusión, debe convertirse en un instrumento de reforma.

Este capítulo delinea cinco temas que son relevantes al considerar cómo se puede traducir la información de la evaluación en políticas y medidas: (a) capacidad institucional para asimilar y usar la información; (b) integridad y relevancia de la información suministrada por la evaluación; (c) procedimientos para identificar la política o medida apropiada luego de una evaluación; (d) determinación de una intervención que afecte a todo el sistema o una intervención específica y (e) complejidad de la formulación de políticas y la toma de decisiones.

La atención se centra principalmente en los acuerdos institucionales dentro del sistema educativo. Los capítulos siguientes abordan los usos más específicos de una evaluación nacional para la gestión de la educación y las políticas (capítulo 5) y para la enseñanza (capítulo 6).

CAPACIDAD INSTITUCIONAL PARA ASIMILAR INTEGRAR Y USAR LA INFORMACIÓN

Para hacer un uso óptimo de los resultados de una evaluación nacional se deben cumplir varias condiciones en relación con la capacidad institucional (Kellaghan y Greaney, 2004; Postlethwaite, 1987; Vegas y Petrow, 2008). En primer lugar, son particularmente importantes la voluntad política, la apertura a la nueva información y la buena disposición para considerar cambios o reformas por parte de los responsables políticos. En segundo lugar, los responsables de las políticas y la toma de decisiones en el ministerio de educación deben contar con la capacidad (conocimiento y habilidades) requerida para interpretar y usar la información de una evaluación nacional. Puede ser necesaria una inversión considerable para desarrollar esta capacidad, especialmente en países donde la actividad de evaluación nacional es nueva. En tercer lugar, una evaluación nacional no se debe considerar una actividad aislada. Antes bien, debe integrarse en las estructuras, los procesos de formulación de políticas y toma de decisiones y los canales de asignación de recursos existentes.

En cuarto lugar, el equipo de evaluación nacional debe asegurarse de disponer de los sistemas y las estrategias para comunicar sus resultados a las instituciones y agentes que tendrán un papel en la implementación de las políticas (por ejemplo, estructuras de administración local; supervisores, inspectores y asesores; autoridades a cargo de crear el plan de estudios; escuelas; y docentes). Quinto, una vez que los miembros del personal hayan desarrollado su capacidad para organizar y emprender las evaluaciones e interpretar los resultados se debe garantizar su continuidad. La rotación de los funcionarios y de los expertos técnicos, que es frecuente en muchos países en desarrollo, tendrá un impacto negativo en la capacidad del personal. Por último, se necesita el respaldo y el compromiso de todos los interesados. Por consiguiente, el propósito, los resultados y las consecuencias de la evaluación nacional se deben comunicar claramente, y se deben abordar las preocupaciones de aquellas partes que puedan sentirse amenazadas por determinadas políticas o decisiones.

VERACIDAD Y RELEVANCIA DE LA INFORMACIÓN SUMINISTRADA POR UNA EVALUACIÓN

Antes de considerar qué decisiones deben basar en los resultados de una evaluación nacional, los responsables de la toma de decisiones deben estar convencidos de que la información suministrada por la evaluación es fidedigna y realista. Podrán llegar a esta conclusión (a) si el equipo de evaluación nacional es técnicamente competente, (b) si el conocimiento y las habilidades de los alumnos que la prueba pretende medir están adecuadamente representados en el instrumento de evaluación, (c) si se han seguido procedimientos correctos en la recopilación y el análisis de datos y (d) si el aprendizaje de los alumnos se describe con el detalle apropiado y teniendo en cuenta las necesidades y pericia técnica de los usuarios (capítulo 1; véase también Postlethwaite 2004a: capítulo 5).

Los responsables políticos y los gestores necesitan información que aborde los temas que les preocupan y que les brinde una base para la formación de políticas, la planificación y la toma de decisiones. Existen muchos ejemplos de evaluaciones nacionales que no satisfacen esta necesidad. Por ejemplo, si la prueba utilizada en una evaluación es muy difícil y no consigue diferenciar niveles en los rendimientos inferiores, la evaluación no ofrecerá la información que necesita un alto funcionario del ministerio para tomar decisiones acerca de la asignación de recursos para los alumnos de bajo rendimiento. Los resultados de la evaluación que brindan solo puntajes medios o una valoración de regiones geográficas en función de tales puntajes sin un análisis del rendimiento representado por los puntajes no suministrarán información lo suficientemente detallada para quienes elaboran el plan de estudios y los formadores de docentes. Por último, los informes de evaluación que tardan tres o cuatro años en completarse es poco probable que sean de interés para los responsables de la formulación de políticas porque los resultados pueden ya no ser relevantes para los problemas o para el personal que generó la evaluación.

PROCEDIMIENTOS PARA IDENTIFICAR LA POLÍTICA O MEDIDA APROPIADA DESPUÉS DE UNA EVALUACIÓN

En algunos casos, los resultados de una evaluación nacional apuntarán directamente a la medida necesaria para tratar un problema identificado. No obstante, en la mayoría de los casos la medida necesaria no será evidente. La evaluación encontrará problemas, pero la información que proporciona no generará una solución ni determinará una vía de acción alternativa. Por ejemplo, la evaluación puede aportar información de que los alumnos tienen un bajo desempeño en algunos dominios del rendimiento académico, o puede establecer relaciones entre rendimiento y factores de contexto, indicando que el rendimiento de las niñas es inferior al de los niños o que los alumnos de pequeñas escuelas rurales no tienen tan buen rendimiento como los de escuelas urbanas. Sin embargo, el establecimiento de los factores relacionados con el rendimiento de los alumnos no provee ninguna explicación evidente de por qué los sexos o los alumnos en diferentes lugares deben diferir en cuanto a sus rendimientos. Muchas evaluaciones nacionales tratan este tema en alguna medida cuando recopilan datos adicionales sobre las condiciones en las que se lleva a cabo el aprendizaje. Los resultados de los análisis en los cuales se relacionan estas condiciones con el rendimiento de los alumnos, aunque no identifican cursos de acción específicos, pueden llevar a una mayor comprensión de los factores que afectan a los resultados y brindar una base para la formulación de políticas y la toma de decisiones (Blalock, 1999).

Además de reconocer la complejidad de tomar decisiones después de una evaluación, los responsables de las políticas y la toma de decisiones deben ser conscientes de la viabilidad y rentabilidad de las iniciativas o reformas subsiguientes. Claramente, se debe dar prioridad a la identificación de aquellos insumos que probablemente supongan una diferencia para el aprendizaje. Así, aunque algunos de estos insumos (por ejemplo, unas buenas instalaciones escolares) pueden ser un factor muy atrayente, pueden no ser más efectivos que otros insumos más modestos. El impacto del costo de una intervención en el presupuesto para educación también es relevante. Aunque los alumnos pueden aprender mejor en clases muy pequeñas, el costo de implementar una estrategia de clase pequeña en los países en desarrollo puede ser demasiado elevado para que se considere una opción viable (Lockheed y Verspoor, 1991). Este capítulo describe cuatro procedimientos (no mutuamente excluyentes) en los cuales los resultados de la evaluación pueden ser relevantes para sugerir políticas o medidas apropiadas luego de una evaluación.

Discusión sobre los resultados

La actividad más importante después de una evaluación nacional es incluir a los interesados en el análisis y la interpretación de sus resultados para intentar dilucidar sus consecuencias, indicar relaciones causales y proponer enfoques para abordar los problemas identificados. En esta interpretación de resultados y búsqueda de soluciones intervienen las diversas fuentes de información y pericia así como muchas partes interesadas. El aporte de aquellas personas que se hallan en estrecho contacto con el funcionamiento cotidiano de las escuelas (maestros, inspectores, supervisores o asesores) será de particular importancia.

Muchos países realizan seminarios y talleres después de una evaluación nacional para poder escuchar los diversos puntos de vista. También se utilizan otros enfoques más formales para revisar los resultados (por ejemplo, en las deliberaciones de una comisión nacional o concibiendo una estrategia nacional para el sector) (véase el capítulo 5).

Permitir que los resultados "ilustren" el proceso de formulación de políticas

El uso de los resultados de otras investigaciones sobre educación con finalidades normativas sugiere que el impacto de los resultados de una evaluación nacional es más conceptual que instrumental. Así pues, los resultados entrarían en el ruedo político, no a través de la aplicación directa de soluciones, sino en forma de generalizaciones, orientaciones y consejos generales que "ilustren" el proceso de la formulación de políticas, determinando la manera en que las personas piensan sobre los asuntos e informando el debate general y las deliberaciones que se producen (Husén, 1984; Weiss, 1979). En este sentido, el uso de las investigaciones es un proceso gradual y difuso, que brinda conceptos y perspectivas teóricas que penetran en el proceso de formulación de políticas, influye en la forma de entender los asuntos sobre educación y sugiere soluciones apropiadas a los problemas.

Esta "ilustración" no se debería limitar a los responsables de formular políticas y tomar decisiones. Hacer públicos los resultados de una evaluación nacional puede despertar la conciencia no solo entre los encargados de la formulación y gestión de políticas, sino también entre los ciudadanos en general. A su vez, despertar la conciencia pública puede servir para acentuar el papel importante que tiene la educación para alcanzar objetivos nacionales y aprovechar la opinión pública para que respalde los esfuerzos para mejorar las prestaciones.

Aunque las ventajas de la ilustración puedan resultar evidentes, usar los resultados de investigaciones de esta forma puede tener inconvenientes. En primer lugar, el proceso es susceptible de padecer una excesiva simplificación y deformación. En segundo lugar, una mala investigación puede atraer tanta atención como una buena investigación. Tercero, algunos resultados importantes de la investigación pueden no alcanzar nunca a los responsables de formular políticas o tomar decisiones. Aunque se debe alentar el uso de los resultados de una evaluación nacional para explicar a los interesados (incluido el público) el estado del sistema educativo, se necesita hacer más. El ministerio de educación y otros interesados clave deben estudiar cuidadosamente los resultados de una evaluación nacional para poder idear políticas y medidas específicas destinadas a abordar las deficiencias identificadas.

Respuesta a problemas específicos detectados en una evaluación nacional

En algunas evaluaciones nacionales será evidente que se requerirá tomar medidas para abordar problemas específicos. Por ejemplo, si se encuentra que las escuelas no tienen los recursos especificados en las normas del ministerio (por ejemplo, libros de texto), se necesitará tomar las medidas oportunas para suministrar esos recursos. Si el conocimiento de los docentes sobre las materias es inadecuado, la forma más evidente de remediar esta situación sería realizar cursos formativos en el trabajo centrados en las deficiencias identificadas.

Referencia a resultados de otra investigación

La consideración de los resultados de otras investigaciones puede ayudar a reforzar la base sobre la que extraer conclusiones con respecto a las relaciones causales que una evaluación nacional pueda indicar y ofrecer una base más segura para la formulación de políticas. Estos resultados podrían surgir de diversos estudios, entre ellos los estudios sobre la eficacia de las escuelas y los maestros; los estudios de la influencia relativa de los factores escolares y domésticos en el aprendizaje de los alumnos; y los estudios de los procesos del aula, el tamaño de la clase y los efectos de la repetición de curso. Al indicar cómo se pueden usar los resultados de una evaluación nacional para mejorar la enseñanza y el aprendizaje en el aula, el capítulo 6 recurre para obtener consejos a los trabajos de investigación publicados, en particular a los estudios sobre la eficacia de las escuelas y los maestros.

Se indica cautela al usar los resultados de las investigaciones para respaldar inferencias formuladas a partir de los datos de una evaluación nacional. Los estudios pueden no ser técnicamente adecuados, o sus resultados pueden no ser relevantes para el contexto en el cual se llevó a cabo la evaluación nacional. Los posibles problemas se magnificarán si la investigación se llevó a cabo en otros países. En particular, si aquellos países son económicamente desarrollados, los resultados pueden no ser relevantes para un país en vías de desarrollo. Por ejemplo, la conclusión de que las clases de tamaño pequeño se relacionan con un rendimiento superior de los alumnos tiende a basarse en estudios estadounidenses en los cuales una clase tenía 20 alumnos o menos (véase, por ejemplo, Finn y Achilles, 1990). Las clases de este tamaño son raras en los países en vías de desarrollo.

DETERMINAR EL ÁMBITO DE APLICACIÓN DE UNA INTERVENCIÓN

A la hora de determinar la implementación de una medida es importante diferenciar si esta afectará a todo el sistema o si irá dirigida a subpoblaciones o sectores concretos del sistema educativo. La medida para todo el sistema tiene como propósito mejorar el desempeño de todos los alumnos e incluye técnicas de instrucción mejoradas, la reforma del plan de estudios y la modificación de los libros de texto. Una iniciativa para la capacitación de los maestros puede ser para todo el sistema o una parte concreta del mismo. Otras intervenciones dirigidas a objetivos concretos incluyen diversas medidas. Primero, una intervención puede proveer recursos adicionales para los alumnos con necesidades especiales de aprendizaje (por ejemplo, programas de prevención temprana o programas de refuerzo para mejorar la lectura). En segundo lugar, una intervención puede incluir diversas medidas y políticas, tales como eliminar o mitigar obstáculos pedagógicos para el desempeño (por ejemplo, falta de materiales de aprendizaje o maestros con bajo rendimiento) y barreras económicas (por ejemplo, la cuota escolar o el trabajo no remunerado). Estas medidas pueden estar diseñadas para influir directamente en el desempeño de alumnos pertenecientes a subgrupos de la población, tales como los alumnos de contextos socioeconómicos más bajos, los niños desplazados por conflictos civiles, los huérfanos, minorías lingüísticas, los alumnos de escuelas rurales pequeñas o las niñas (en algunas sociedades). En tercer lugar, una intervención puede estar diseñada para actuar indirectamente sobre el rendimiento cognitivo de los alumnos (por ejemplo, programas con participación de los padres o programas nutricionales y de comidas escolares) (véase Willms, 2006; Banco Mundial, 2004). Las intervenciones dirigidas a menudo necesitan que las escuelas desarrollen y presenten un plan que describa cómo proponen usar los recursos adicionales para mejorar el aprendizaje de los alumnos.

COMPLEJIDAD DE LA FORMULACIÓN DE POLÍTICAS Y LA TOMA DE DECISIONES

El capítulo 1 observó que hay una variedad de factores políticos que pueden desempeñar un papel en la determinación de la forma de una evaluación nacional. Este capítulo aborda la complejidad de la formulación de políticas y la toma de decisiones luego de una evaluación en el entorno político esbozado en el capítulo 1.

La formulación de políticas no es un proceso lineal simple en el cual se identifica un problema, se consideran las posibles soluciones y se conciben las estrategias de implementación. Antes bien, incluye actividades políticas complejas, entre ellas negociación, compromiso y respuestas a presiones y grupos de presión de una amplia variedad de orígenes que deben ajustarse a patrones de creencias y sistemas de valores preexistentes (véase Blalock, 1999). Para llegar a una decisión, un responsable político puede considerar valiosos los resultados de una evaluación, pero también necesitará tener en cuenta numerosas consideraciones políticas y de otro tipo, tanto a nivel nacional como local. Tales consideraciones incluyen las opiniones de los políticos (posiciones ideológicas o preocupación sobre la respuesta del votante y la elegibilidad), la disponibilidad de presupuesto, las opiniones e intereses de los interesados y de grupos de interés, las opiniones tradicionales y las costumbres actuales.

La relación entre una evaluación nacional y los factores políticos tiene aspectos positivos. Por ejemplo, las fuerzas políticas pueden a veces aprovecharse para respaldar el uso de los resultados de la evaluación. En particular, el respaldo a las políticas y las decisiones basadas en los resultados de una evaluación se verá incrementado si los interesados clave han estado activamente comprometidos con la evaluación desde la etapa inicial del diseño. Por supuesto, en todas las etapas, los interesados deben ser informados de los aspectos relevantes de la formulación de políticas y la toma de decisiones para asegurarse de que comprenden la necesidad y las razones de la reforma. Se puede lograr este fin con la representación de los intereses de las partes en un comité directivo que supervise la implementación de la evaluación nacional (véase Greaney y Kellaghan, 2008, volumen 1 de esta serie). Los responsables políticos, al buscar apoyo para la reforma, también pueden necesitar invocar principios ampliamente aceptados en toda la comunidad, tales como la estipulación de igualdad de oportunidades para todos los alumnos, la importancia de garantizar que la calidad del aprendizaje del alumno justifique el gasto, y la necesidad de brindar una base sólida para el desarrollo tanto de los alumnos a título individual como de la economía nacional.

La estrecha relación entre una evaluación nacional y el ámbito político, aunque abre la posibilidad de mejorar la formulación de políticas y la toma de decisiones, no está exenta de riesgos. Si una evaluación termina implicada en un conflicto político, es poco probable que juegue un papel importante para mejorar el aprendizaje de los alumnos. En Argentina, reflejando las tensiones entre las autoridades nacionales y las provinciales con respecto a sus esferas de influencia, la información de las evaluaciones se usó principalmente para legitimar las políticas y reformas nacionales y para regular a las autoridades provinciales, en lugar de, por ejemplo, para diseñar políticas compensatorias (Benveniste, 2002; Gvirtz y Larripa, 2004). Una situación un tanto similar se dio en la República Árabe de Egipto, en donde las direcciones locales de educación se negaron a cooperar en una evaluación diseñada a nivel nacional porque percibieron que esta reflejaba un plan oculto para aumentar el control del gobierno central (Carroll, 1996).

La situación en Uruguay fue diferente, pero también incluyó un conflicto entre actores con poder. Temerosos de que los resultados de una evaluación nacional se usaran para responsabilizar a los maestros, los sindicatos de docentes se negaron a cooperar hasta que se llegó al acuerdo de que los informes sobre desempeño escolar no se publicarían, que la influencia del contexto del alumno en el rendimiento recibiría el debido reconocimiento y que los maestros no serían considerados directamente responsables del rendimiento de los alumnos (Benveniste, 2002; Ravela, 2005). Este conflicto se resolvió mediante negociación. Los resultados no se usaron para responsabilizar a los maestros y Uruguay ofrece algunos de los ejemplos más interesantes del uso de los resultados de una evaluación nacional para mejorar el aprendizaje de los alumnos (véase el capítulo 6).

CONCLUSIÓN

La descripción que este capítulo ha hecho de la traducción de los resultados en políticas y medidas luego de una evaluación nacional ha señalado dos cuestiones importantes. La primera se relaciona con la complejidad de la formulación de políticas y la toma de decisiones, la capacidad institucional para asimilar y usar la información, y la necesidad de tener en cuenta los diversos intereses creados en el proceso. La segunda cuestión importante se relaciona con las pruebas usadas para interpretar los resultados de una evaluación y para llegar a una conclusión acerca de las formas más apropiadas de proceder al diseñar políticas o intervenciones que aborden los problemas identificados en la evaluación con el objetivo de mejorar el aprendizaje de los alumnos.

Se podría argumentar que la base para la toma de decisiones se fortalecería si las estrategias para mejorar el aprendizaje de los alumnos sugeridas por los resultados de la evaluación nacional se evaluaran en un estudio experimental o cuasi experimental (véase el capítulo 8). Sin embargo, por diversos motivos, entre ellos restricciones de tiempo, costo y disponibilidad de personal con las habilidades técnicas necesarias, este curso de acción es poco probable. La mayoría de las veces, los responsables de las políticas y la toma de decisiones dependerán, en el mejor de los casos, de la difusión de los resultados para promover la conceptualización y una mayor comprensión de los problemas, la discusión de los resultados por parte de los interesados, y la toma en consideración de investigaciones pertinentes, aun cuando dichas investigaciones puedan no haberse originado en el país en el cual se llevó a cabo la evaluación.

CAPÍTULO 5

RESULTADOS DE LAS EVALUACIONES NACIONALES, POLÍTICAS Y GESTIÓN EDUCATIVA

Los responsables políticos, una categoría que incluye a los políticos, los administradores de la educación y los gestores —tales como los funcionarios de rango superior de un ministerio de educación—, son los destinatarios principales de los resultados de las evaluaciones nacionales. Aun cuando los resultados generan consecuencias en el trabajo de otras partes interesadas (por ejemplo, promotores de planes de estudios, formadores de docentes o docentes), los funcionarios del ministerio probablemente tendrán un papel que desempeñar en la formulación de políticas, la emisión de información o directivas, o el suministro de recursos. En este capítulo, se somete a consideración de los responsables de la formulación políticas y la toma de decisiones una serie de usos potenciales y reales de los resultados obtenidos en las deliberaciones sobre políticas y la gestión de la educación.

Cuatro de los usos tienen que ver con el suministro de información relativa al estado de la educación y, en particular, con respecto al rendimiento de los estudiantes: (a) descripción del rendimiento, (b) descripción de los recursos, (c) seguimiento del rendimiento y (d) revisión del sistema educativo. Otros cinco guardan relación con el uso de esa información para hacer frente a las deficiencias puestas de manifiesto por la evaluación: (e) formulación de políticas en general y asistencia en la toma de decisiones en conjunción con otra información,

(f) establecimiento de normas, (g) suministro de recursos adicionales para las escuelas (sistema amplio o específico), (h) apoyo en la revisión de los planes de estudio e (i) revisión de los libros de texto.

DESCRIPCIÓN DEL RENDIMIENTO ACADÉMICO

El propósito básico de una evaluación nacional es proporcionar información sobre el rendimiento académico de los estudiantes (en particular, sus defectos), lo cual es un requisito previo para cualquier intervención (Aguerrondo, 1992). Por otra parte, es probable que esta información sea exclusiva, ya que, por lo general, no se encontrará en otras fuentes. Aunque los ministerios de educación recopilan de forma rutinaria información sobre los insumos del sistema educativo (por ejemplo, el número de estudiantes, las instalaciones físicas, los materiales curriculares, la relación profesor-alumno), una evaluación nacional proporciona información sobre los resultados de la inversión en educación representados por los insumos. Los responsables políticos que hayan leído un informe sobre los resultados de una evaluación nacional, como el que se describe en el capítulo 2, tendrán una visión global del aprendizaje de los estudiantes que, inevitablemente, aunque no esté explícitamente relacionado con las expectativas, los llevará a expresar su opinión acerca de la adecuación del rendimiento de los estudiantes. Además, podrán obtener información sobre áreas específicas en las que los estudiantes experimentan dificultades para lograr un rendimiento adecuado, así como sobre los datos de los logros alcanzados por los subgrupos de la población.

Generalmente, un informe de evaluación nacional presenta información sobre el rendimiento académico en forma de puntajes promedio. Sin embargo, los puntajes promedio en sí mismos proporcionan información limitada para la toma de decisiones. Unas descripciones más elocuentes del rendimiento, en forma de niveles de competencia (lo que los estudiantes saben y son capaces de hacer), según se establece en el capítulo 2, proporcionan una base más fundamentada para tomar decisiones y actuar.

Además, se puede obtener información útil cuando la variación en el rendimiento se subdivide en componentes que identifican diferencias entre las escuelas y dentro de las mismas (véase el capítulo 2). Las grandes diferencias entre las escuelas a veces se interpretan como indicadores de desigualdad en relación con las oportunidades de aprendizaje en el sistema educativo. Sin embargo, los responsables políticos deben considerar esa interpretación con precaución, ya que no se tienen en cuenta las diferencias entre las escuelas en factores sobre los que cada escuela puede tener poco control (las características de los estudiantes cuando se inscriben y los efectos persistentes de dichas características en el trabajo de la escuela).

Con todo, las diferencias entre las escuelas con respecto al rendimiento pueden merecer la atención de los responsables políticos, ya que pueden orientar a la hora de diseñar las intervenciones. Cuando las diferencias entre las escuelas en una región son relativamente leves, y si los recursos financieros son limitados, probablemente no se justificaría la intervención en algunas escuelas y la falta de intervención en otras. Por el contrario, se justificaría actuar sobre las escuelas de bajo rendimiento ubicadas en aquellas regiones que presenten grandes diferencias entre las escuelas.

DESCRIPCIÓN DE LOS RECURSOS

Una evaluación nacional recopila con frecuencia información sobre los recursos disponibles en las escuelas. Por ejemplo, la evaluación nacional de la India en el año 2000 estableció que más del 90 % de las escuelas tenía una campana, una pizarra, tiza y un borrador; cerca de tres cuartas partes tenían agua potable; pero menos del 40 % tenía baños separados para niñas (Singh y otros, s. f).

Varias evaluaciones nacionales en África evidencian la falta de recursos. En Kenia, por ejemplo, muchas escuelas tenían un número insuficiente de pupitres y libros de texto (Nzomo, Kariuki y Guantai, 2001). Además, los programas radiofónicos para las escuelas no llegaron a un tercio de los estudiantes al menos, pues no disponían de radio en la escuela (tabla 5.1). En Zanzíbar, una evaluación puso de relieve una grave escasez de mobiliario escolar (por ejemplo, pupitres y pizarras) y suministros (por ejemplo, libros de texto y lápices) (Nassor y Mohammed, 1998). En Nigeria, pocas escuelas tenían mapas (13 %), gráficos o carteles (15 %) o equipamiento deportivo (5 %).

TABLA 5.1

Porcentajes de escuelas que poseen determinadas instalaciones escolares básicas: Kenia

Equipamiento	Porcentaje	Error estándar
Computadora	1,2	0,77
Duplicadora	19,9	3,11
Máquina de fax	0,5	0,35
Proyector de películas	0,4	0,27
Proyector de diapositivas	0,3	0,30
Fotocopiadora	1,1	0,70
Radio	66,4	4,31
Grabador	10,9	2,38
Televisor	3,2	1,74
Máquina de escribir	27,5	3,70
Grabadora de video	1,3	0,77

Fuente: basado en Nzomo, Kariuki y Guantai 2001: Tabla 3.1.4.

Las respuestas de los docentes a los puntos del cuestionario también se refirieron a la presencia de altos niveles de preocupación por la falta de material didáctico, así como una baja consideración de los docentes, malas condiciones de servicio y pago irregular de los salarios (Ministerio Federal de Educación de Nigeria, 2000).

En Malaui, el seguimiento de los cambios en la provisión de recursos para el aula, entre 1998 y 2002, mostró progresos en todas las instalaciones (tabla 5.2). En Zimbabue, la revisión realizada en 1990 mostró que las escuelas en Matabeleland Sur tenían menos recursos que las de otras regiones del país. No se registró mejoría según un estudio de seguimiento realizado en 1995 (Postlethwaite, 2004b).

SEGUIMIENTO DEL RENDIMIENTO ACADÉMICO

Si se dispone de datos sobre las evaluaciones realizadas en diferentes ocasiones, se podrá identificar las tendencias en el rendimiento académico (si está mejorando, si sigue siendo el mismo o si se está deteriorando) (véase el capítulo 2). Esta información a veces se ha utilizado para controlar los efectos de los cambios en el sistema

TABLA 5.2

Porcentajes de escuelas que poseen instalaciones escolares, 1990–2002: Malaui

Equipamiento	SACMEQ I	SACMEQ II
Tiza	95,2	96,4
Biblioteca del aula	13,3	20,4
Armario	17,8	51,2
Uno o más estantes	14,7	17,6
Silla para el docente	42,3	50,5
Mesa para el docente	40,7	47,7
Pizarra	84,8	94,5
Gráficos murales	56,6	58,2

Fuente: Postlethwaite 2004b. Reproducido con autorización. Seguimiento de la EPT en el Mundo, UNESCO.

Nota: El Consorcio del África Austral y Oriental para el Monitoreo de la Calidad de la Educación (SACMEQ) es una organización internacional de desarrollo sin fines de lucro constituida por 15 ministerios de educación de África meridional y oriental que trabajan de forma conjunta para compartir experiencias y conocimientos en el ámbito del desarrollo de las capacidades de los planificadores de la educación, a fin de aplicar métodos científicos para controlar y evaluar las condiciones de escolaridad y la calidad de la educación. SACMEQ ha llevado a cabo dos grandes proyectos de investigación política educativa (SACMEQ I y SACMEQ II).

educativo sobre el rendimiento de los estudiantes (por ejemplo, cambio del idioma de instrucción o aumento de la cantidad de estudiantes en el aula). En los Estados Unidos, los datos de la evaluación nacional (la Evaluación nacional del logro educativo, o NAEP) se han utilizado para supervisar la importante iniciativa de reforma *No Child Left Behind* (Que ningún niño quede rezagado). Además del seguimiento de NAEP, se requiere que cada estado controle el progreso de todos los estudiantes de 3.º a 8.º grado en sus propias pruebas de lectura, matemáticas y ciencias. Muchos estados informaron una mejoría significativa en los últimos años; sin embargo, los resultados de la NAEP no reflejan esta evolución positiva. La mejora registrada de 2003 a 2005, sobre todo en el 8.º grado, fue mucho más acusada en las evaluaciones estatales que en la evaluación NAEP. En Maryland, por ejemplo, los estudiantes de octavo grado que presentaron una mejora significativa de 12 puntos porcentuales en matemáticas en el examen estatal no mostraron una mejora en la evaluación NAEP (de Vise 2005). La diferencia se debió aparentemente a la importancia otorgada a las evaluaciones estatales, que acarreaban sanciones. En consecuencia, los docentes centraron su enseñanza en el contenido de las evaluaciones estatales, lo cual produjo aumentos subsecuentes en los puntajes de las pruebas sin una mejora concomitante en las habilidades para las cuales se diseñó la prueba originalmente (véase Madaus y Kellaghan, 1992).

En Uruguay, se informó una mejora considerable en el desempeño de los estudiantes de sexto grado entre 1996 y 2002 en la evaluación nacional. Por otra parte, la mejora se vio especialmente entre los estudiantes de escuelas "muy desfavorecidas", en las que el porcentaje de estudiantes que alcanzó un nivel "aceptable" en la prueba aumentó de 37,1 a 54,8. Este aumento es mayor que el logrado durante el mismo periodo en las escuelas de contextos sociales descritos como "muy favorables", el cual fue de 57,1 % a 66,5 % (Ravela, 2006).

En algunos sistemas educativos, se lleva a cabo una evaluación nacional en la misma área curricular y con la misma población anualmente. Si el objetivo es simplemente hacer un seguimiento de las normas, este procedimiento parece innecesario y muy costoso. La mayoría de los países industrializados que realizan un seguimiento de los niveles de rendimiento académico lo hacen con menos frecuencia. En los Estados Unidos, por ejemplo, donde los recursos financieros y técnicos no suelen ser un problema como en los países en vías de desarrollo, la NAEP en matemáticas y lectura se lleva a cabo cada dos años.

Una lectura cuidadosa de los resultados de las evaluaciones nacionales que se han venido realizando durante varias décadas indica que los grandes cambios en los logros de los estudiantes en un sistema educativo no se producen en un tiempo reducido, incluso cuando se han realizado esfuerzos para abordar los problemas identificados en las evaluaciones. Ante esta situación, un intervalo de cuatro a cinco años entre las evaluaciones parece razonable. En efecto, si las evaluaciones nacionales realizadas durante un corto periodo de tiempo informaron grandes cambios, sería discutible si existe equivalencia entre las pruebas y los procedimientos utilizados en las evaluaciones. Además, en muchos países, el origen principal del cambio en el rendimiento a través del tiempo será el relevo del alumnado que asiste a la escuela. El aumento de las tasas de participación genera problemas de comparación que requieren un análisis cuidadoso. Este y otros problemas en la medición del cambio en el rendimiento a través del tiempo pueden surgir debido a cambios en los planes de estudio, el idioma y las expectativas, así como cambios de las cuestiones técnicas; por ejemplo, cuando los supuestos en los modelos de medición (especialmente el modelo de la respuesta para cada punto) no se cumplen o cuando el puntaje de los estudiantes regresa a la media (Goldstein, 1983).

REVISIÓN DEL SISTEMA EDUCATIVO

En muchos países, los resultados de una evaluación nacional (o regional) se han mencionado en revisiones de la política educativa y la provisión de medios o se han utilizado para respaldar las iniciativas de reforma importantes (véase la tabla 5.3).

República Dominicana ofrece un buen ejemplo de la utilización de los resultados de las evaluaciones nacionales para una importante revisión del sistema educativo, seguida de la aplicación de una serie de estrategias ambiciosas para mejorar la calidad de la educación (recuadro 5.1). La revisión proporcionó el material principal para las reuniones de los equipos regionales de funcionarios y miembros de las comunidades y las redes escolares que analizaron los motivos de los malos resultados y las estrategias propuestas para abordarlos.

FORMULACIÓN DE POLÍTICAS GENERALES Y ASISTENCIA EN LA TOMA DE DECISIONES

La información objetiva válida sobre el estado de la educación, que una evaluación nacional bien diseñada e implementada puede brindar, debe ayudar a introducir un componente objetivo en la toma de decisiones y a garantizar un buen conocimiento de la información empírica, así como los prejuicios personales, los intereses adquiridos, la información anecdótica, los mitos y otras formas de "sabiduría acumulada" (véase el recuadro 5.2). Además, la información concreta y convincente que una evaluación puede aportar ayudará a poner de relieve los problemas del sistema de educación en relación con el acceso, la calidad, la eficiencia o la equidad que, de otro modo, pasarían desapercibidos, o no serían abordados. Sin embargo, la información

TABLA 5.3

Países seleccionados que utilizaron los resultados de las evaluaciones nacionales en la revisión del sistema de educación

País	Ejemplos de algunos de los usos declarados
Argentina	Comenzó un programa de inspección de las escuelas
Bolivia	Se vinculó los datos de la evaluación a un programa de nutrición infantil
Burkina Faso	Se aportó datos para el análisis de país
Cuba	Se fortaleció los programas de atención en la primera infancia y educación preescolar
Kenia	Permitieron establecer parámetros para prestar los servicios
Kuwait	Respaldaron las políticas de introducción de bibliotecas en el aula
Malaui	Aportaron datos para el programa de reforma
Mauricio	Se utilizó los datos para respaldar un estudio sectorial nacional
Namibia	Fueron utilizados por la Comisión Nacional
Nepal	Respaldaron el importante programa de reforma del Gobierno
Níger	Se aportó datos para el análisis de país
Sri Lanka	Se aportó datos para la estrategia nacional del sector de la educación
Uganda	Se utilizaron para preparar el programa de reforma educativa
Uruguay	Se utilizaron para respaldar una política de expansión de un programa de equidad para escuelas de tiempo completo
Vietnam	Se utilizaron para establecer parámetros para la prestación de servicios (pupitres por alumno, libros por alumno)
Zanzíbar (Tanzania)	Se utilizaron en la revisión de las políticas, los estándares y los parámetros educativos
Zimbabue	Se utilizaron para comisiones de examen

Fuentes: compilación de autores basada en Arregui y McLauchlan 2005; Bernard y Michaelowa 2006; Ferrer 2006; Ministerio de Educación de Kuwait 2008; Murimba 2005; Nzomo y Makuwa 2006; Ravela 2002.

derivada de una evaluación nacional no identificará las políticas o líneas de acción necesarias para el responsable político u otro potencial usuario. Por un lado, como ya se ha señalado, una evaluación nacional ofrece solo una cierta información de relevancia en el marco de una variedad de otros factores, tales como la disponibilidad de

RECUADRO 5.1

Uso de los resultados de las evaluaciones para promover reformas: República Dominicana

En marzo de 2005, los funcionarios de República Dominicana procedentes de cada una de las 17 regiones nacionales del país se reunieron para analizar los resultados de los estudiantes de su zona obtenidos en las más recientes pruebas nacionales al final del nivel básico (8.° grado) y el de enseñanza secundaria o el de bachillerato (12.° grado), así como los obtenidos por los alumnos al final de 4.° grado. Comprobaron los promedios nacionales en las distintas materias y temas curriculares, así como la diferencia entre sus propios resultados y los de otras regiones así como los de ambos con respecto al promedio nacional. Observaron las diferencias entre escuelas privadas, públicas y con financiación pública/privada. Si bien no hay normas disponibles para comparar el rendimiento, se ofreció a los administradores regionales y a los directores de escuela algunas definiciones sobre las competencias o habilidades y los contenidos que habían sido evaluados.

Este fue uno de los principales insumos para un proceso recién iniciado de planificación estratégica del sistema, en el que 17 equipos regionales y 101 equipos a nivel de distrito de funcionarios y miembros de la comunidad destacados han revisado conjuntamente sus principales puntos fuertes y débiles en la gestión de un proceso de cambio centrado en la mejora de la calidad, y ahora están redactando planes distritales y regionales para el desarrollo de la educación cuyo objetivo principal es favorecer el aprendizaje. Algunos distritos han avanzado en un periodo de tiempo muy corto y han establecido redes escolares, cuyo personal se reúne periódicamente para analizar más a fondo los resultados de las pruebas nacionales realizadas en su región y para reflexionar sobre las posibles causas de un rendimiento insatisfactorio. Si bien no existe información clara sobre el impacto de varios factores determinantes, algunas decisiones se han tomado rápidamente a nivel de distrito sobre la base del mejor conocimiento disponible basado en la experiencia. Un ejemplo de ello es la decisión de compartir los pocos docentes de ciencias calificados disponibles entre varias escuelas de la red. Otra es la creación de redes de docentes para debatir sobre los desafíos conocidos durante la realización de esfuerzos por mejorar las capacidades de comprensión del aprendizaje.

Aunque es demasiado pronto para determinar si estos planes de mejoras regionales y distritales basados en la información generada a partir de la evaluación tendrán un impacto duradero, es evidente para las autoridades actuales que la organización de estas reuniones ha sido mucho más movilizadora que la anterior estrategia de enviar los informes a cada escuela y estudiante de todo el país.

Fuente: Arregui y McLauchlan 2005: 32–33. Reproducido con autorización.

> **RECUADRO 5.2**
>
> **Mitos sobre la educación en los Estados Unidos**
>
> Una evaluación nacional puede ayudar a desacreditar mitos tales como los siguientes:
>
> 1. El rendimiento en lectura en los Estados Unidos ha disminuido en los últimos 25 años.
> 2. El cuarenta por ciento de los niños estadounidenses no saben leer a un nivel básico.
> 3. El veinte por ciento de los niños estadounidenses son disléxicos.
> 4. Los niños de la generación del denominado «baby-boom» leen mejor que los estudiantes de hoy.
> 5. Los estudiantes estadounidenses se encuentran entre los peores lectores del mundo.
> 6. El número de buenos lectores ha ido en disminución.
> 7. Los resultados de los puntajes de las pruebas de California disminuyeron drásticamente debido a la metodología de enseñanza con inmersión lingüística.
>
> Fuente: McQuillan 1998.

recursos (personal y material) y los intereses creados de las partes interesadas.

Se aprecian considerables diferencias en los informes de las evaluaciones nacionales en el grado en que extraen conclusiones a partir de los datos de la evaluación y hacen recomendaciones para tomar medidas o dejan que estas actividades las apliquen los usuarios. En realidad, algunos informes van mucho más allá en sus recomendaciones de lo que parece estar justificado teniendo en cuenta los resultados de la evaluación (por ejemplo, en la especificación de los detalles de una intervención para estudiantes en escuelas rurales o en las sugerencias de enfoques para la enseñanza de lectura o matemáticas). Esas recomendaciones, si se realizan, necesitarían estar respaldadas por investigaciones.

Los responsables políticos y los funcionarios de rango superior del ministerio de educación pueden necesitar ayuda a la hora de interpretar los resultados de una evaluación nacional. Un objetivo importante del Consorcio del África Austral y Oriental para el Monitoreo de la Calidad de la Educación fue, de hecho, promover el desarrollo de capacidades y dotar a los planificadores de la educación en los países miembros de la capacidad técnica para controlar y evaluar la educación y la calidad de la educación. Una característica particular de su enfoque fue la capacitación denominada "aprender haciendo" para los planificadores, a quienes se trató de involucrar directamente en la realización de estudios (SACMEQ 2007). El Instituto del Banco Mundial puso en marcha un programa similar de creación de capacidad en África y Asia meridional.

Aunque una buena parte de la información indica que las evaluaciones nacionales han contribuido a las deliberaciones sobre las políticas educativas y la reforma, la informacion objetiva independiente que indica que los resultados de evaluación efectivamente afectaron las políticas es limitada. Una excepción se encuentra en Chile, donde los resultados de su evaluación nacional jugaron un papel decisivo en 1997 para convencer al Congreso de la Nación, al enterarse de que el 40 % de los estudiantes no entendían lo que leían, de que se requerían cambios sustanciales en la educación (Schiefelbein y Schiefelbein, 2000). Posteriormente, los resultados de evaluaciones nacionales desempeñaron un papel en varias decisiones normativas, incluidas las siguientes (Meckes y Carrasco 2006):

- Dirigir el apoyo técnico y económico desde el Gobierno nacional a las poblaciones más desfavorecidas (según lo establecido por los resultados de aprendizaje) para proporcionar un programa de alimentación escolar y otro tipo de asistencia a los estudiantes pobres (un programa que representa el 5 % del presupuesto general de la educación del sector público)
- Definir los criterios para las intervenciones dirigidas por el Ministerio de Educación
- Desarrollar programas para mejorar la calidad educativa y la equidad
- Definir incentivos y metas para obtener mejoras
- Evaluar políticas y programas específicos
- Proporcionar datos para fines de investigación educativa.

ESTABLECIMIENTO DE NORMAS

En los últimos años, las autoridades educativas y las autoridades curriculares de muchos países se han centrado cada vez más en el establecimiento de normas y la especificación de lo que los estudiantes deben ser capaces de hacer al final de una serie de etapas durante su educación formal. Los resultados de la evaluación nacional pueden ayudar en esta tarea al hacer que los estándares o las metas de rendimiento sean operativos en áreas temáticas clave y al brindar indicadores de referencia para controlar el progreso a lo largo del tiempo. El gobierno rumano, por ejemplo, impulsado en parte por los deficientes resultados de la evaluación nacional de 4.° grado, utilizó los resultados para proporcionar información de referencia para el seguimiento de los niveles de rendimiento futuros (Bethell y Mihail, 2005). Además, utilizó los deficientes resultados de los estudiantes rurales como justificación para el desarrollo de su Proyecto de Educación Rural con el respaldo del Banco Mundial.

Los responsables políticos, los organismos donantes y otros deben abordar la fijación de normas con cierta cautela y, en particular, deben establecer objetivos realistas para los índices de mejora que desean. En Perú, algunos responsables políticos sugirieron una mejora del 100 % en los puntajes promedio durante un período de nueve meses (Arregui y McLauchlan, 2005). Este objetivo es imposible de cumplir, sobre todo si se basa en los puntajes de escala, que no suelen tener puntaje cero. La ciudad de Bogotá en Colombia estableció un punto de corte de rendimiento "aceptable" y menos del 2 % de las escuelas lo estaban logrando en ese momento (Arregui y McLauchlan, 2005). El objetivo de No Child Left Behind (Que ningún niño quede rezagado) de los Estados Unidos que establece una "competencia" del 100 % en los exámenes estatales para el año 2014 parece caer en la categoría de objetivos poco realistas. En 2003, ningún distrito estatal o grande se acercaba al porcentaje del 100 % de estudiantes que hubiesen alcanzado el nivel básico, y mucho menos el nivel competente, ya sea en 4.° grado u 8.° grado, en lectura o matemáticas (Linn, 2005a).

Las variaciones en la definición de términos tales como *competencia en lectura y competencia en matemáticas* han dado lugar a problemas al hacer inferencias acerca de lo que dicen las evaluaciones sobre los

TABLA 5.4

Clasificación de estudiantes de 4.º grado calificados como competentes o por encima de ese nivel en las evaluaciones estatales y nacionales, 2005: Estados Unidos

Estado	Estado (% de competencia) (1)	NAEP (% de competencia)[a] (2)	DDiferencia (1) − (2)
Delaware	85	34 (1,2)	51
Idaho	87	33 (1,4)	54
Carolina del Norte	83	29 (1,4)	54
Oregón	81	29 (1,5)	52
Dakota del Sur	87	33 (1,3)	54

Fuente: Adaptado de Stoneberg (2007), con autorización.
a. Los errores estándares para NAEP están entre paréntesis.

logros de los estudiantes. La información de los Estados Unidos, por ejemplo, indica que el significado de *competencia* según la evaluación NAEP difiere del significado según las evaluaciones estatales. Por ejemplo, en los estados vecinos de Maryland y Virginia, el porcentaje de estudiantes calificados como competentes en lectura y matemáticas en las pruebas de la NAEP difería del porcentaje en los exámenes estatales (de Vise, 2005). Los datos de la tabla 5.4 muestran que hasta un 85 % de los estudiantes de Delaware se consideran competentes en el examen estatal, pero tan solo un 34 % en la evaluación NAEP.

SUMINISTRO DE RECURSOS PARA LAS ESCUELAS

Una reacción posible a los resultados de una evaluación nacional es aumentar los recursos en las escuelas. El suministro podría ser a nivel del sistema, o se puede dirigir a escuelas o poblaciones particulares.

El suministro a nivel del sistema fue una de las formas de intervenir después de realizar una evaluación nacional en varios países. En Kenia, donde se descubrió que muchas escuelas carecían de servicios básicos (por ejemplo, pupitres y libros de texto), el Gobierno decidió introducir parámetros para las instalaciones de las aulas, lo que implicaba un compromiso para asegurar que todas las escuelas contasen con instalaciones (Nzomo y Makuwa, 2006). En Zimbabue, se proporcionaron fondos especiales para útiles escolares y se inició la gestión de bibliotecas escolares y de los programas de formación (Madamombe, 1995). En República Dominicana, como se indica en el recuadro 5.1, los pocos docentes de ciencias fueron reasignados entre las escuelas (Arregui y McLauchlan, 2005).

Se lleva a cabo una intervención específica cuando los resultados de la evaluación revelan una asociación entre los recursos de la escuela y el rendimiento académico de los estudiantes. Por lo tanto, si el rendimiento de los estudiantes de pequeñas escuelas rurales estuvo por debajo del promedio nacional, se deberá tomar una decisión para brindar recursos adicionales a dichas escuelas. En Queensland, Australia, por ejemplo, las escuelas con estudiantes con puntajes deficientes (franja inferior del 15 %) en una evaluación de alfabetización y aritmética recibieron fondos adicionales (Forster, 2001). En Kuwait, los resultados que mostraron que los estudiantes en aulas con bibliotecas o "rincones de lectura" lograban mejores resultados en una prueba de alfabetización (la prueba del Estudio sobre el Progreso Internacional de la Competencia en Lectura) que los estudiantes en otras aulas se utilizaron como información para respaldar la política del Ministerio de Educación, a fin de instalar bibliotecas de aula (Ministerio de Educación de Kuwait, 2008).

Aunque una evaluación basada en muestras no proporcionará datos acerca de todas las escuelas, puede brindar información acerca de las categorías de escuelas (por ejemplo, las escuelas ubicadas en diferentes lugares, escuelas de diferentes tipos, o las escuelas que atienden poblaciones de diferentes niveles socioeconómicos), y así brindará una base respecto de la intervención específica para las categorías escolares. La intervención sobre esta base parece defendible, aunque se requiere atención para identificar las escuelas que se beneficiarán. En la mayoría de los sistemas, la atención estaría en las escuelas con estudiantes que pueden provenir de entornos desfavorecidos (por ejemplo, las escuelas en las que el nivel de educación de los padres es bajo). En algunos países, el tipo o la ubicación de la escuela puede ser un buen indicador para saber quién debe beneficiarse. Los datos del censo nacional, los datos del sistema de información de gestión educativa y la información de los inspectores, supervisores y asesores escolares también pueden ser útiles para determinar las escuelas.

Aunque el sistema de evaluación nacional en Chile se basa en el censo, las intervenciones previstas contra el bajo rendimiento académico podrían ser pertinentes tras una evaluación basada en muestras, si se ha instaurado un sistema adecuado de identificación de escuelas. Se asignó recursos adicionales, entre ellos libros de texto, bibliotecas en el aula y materiales pedagógicos, a las escuelas chilenas de zonas con una alta proporción de estudiantes de entornos socialmente desfavorecidos que se habían desempeñado mal en la evaluación (González, Mizala y Romaguera, 2002; Wolff, 1998). Además, se proporcionó actividades extracurriculares, se desarrolló relaciones entre la escuela y la comunidad, y las escuelas fueron supervisadas entre 8 y 16 veces al año por los funcionarios principales y provinciales (Arregui y McLauchlan, 2005).

Cuando los responsables políticos consideran brindar recursos adicionales a las escuelas a raíz de una evaluación nacional, deben decidir si la asignación será por tiempo limitado o permanente. Se preferirá una iniciativa de tiempo limitado por diversas razones. En primer lugar, dado que los recursos generales son limitados, el establecimiento de un límite de tiempo para la provisión de recursos a las escuelas seleccionadas podría ser más aceptable para otras escuelas e intereses, que podrían considerar que los recursos adicionales se alejan de los recursos que podrían haber estado disponibles para ellos. En segundo lugar, la provisión sobre una base temporal es más probable que resulte en una intervención más intensiva, que podría incluir, por ejemplo, la asistencia en el uso de los recursos. En tercer lugar, la ayuda de donantes internacionales ha favorecido tradicionalmente las iniciativas claramente definidas y con un horizonte temporal limitado (Chapman y Snyder, 2000).

APOYO A LA REVISIÓN DE LOS CURRÍCULOS

La revisión de los currículos se asocia más frecuentemente con las evaluaciones internacionales que con las nacionales, probablemente debido a que una evaluación internacional puede proporcionar información acerca del desempeño en una prueba de rendimiento de los estudiantes de un sistema de educación en relación con los estudiantes de otras jurisdicciones (el currículo previsto). La evaluación también puede proporcionar información comparativa a partir de los documentos curriculares (el plan de estudios previsto que opera a nivel del sistema educativo) y sobre la cantidad de tiempo o de énfasis otorgado a las distintas áreas académicas (el currículo implementado que opera a nivel de aula).

Una evaluación nacional también puede proporcionar información relevante para la implementación del currículo o la reforma, de manera más evidente, cuando los logros reales de los estudiantes se comparan con los resultados previstos, tal como se establece o está implícito en los documentos curriculares, y se identifican las discrepancias. Tal comparación puede proporcionar información sobre cómo se enseña el currículo, qué factores están asociados con su implementación exitosa, y si las expectativas del currículo con respecto al rendimiento estudiantil son adecuadas.

Algunos resultados de las evaluaciones nacionales y de algunos estados se relacionan con los cambios curriculares en varios países. En Brasil, los resultados de la evaluación del estado de Paraná sobre el rendimiento de los estudiantes en los principales dominios curriculares y las dificultades que los estudiantes demostraron se utilizaron para orientar a los docentes con respecto a sus estrategias de enseñanza (Ferrer, 2006). En Tailandia, el deficiente rendimiento de los estudiantes en las áreas de matemáticas y ciencias condujo a un mayor énfasis en los programas de enseñanza de habilidades de proceso y la aplicación del conocimiento (Pravalpruk, 1996). En Guinea, los resultados de las evaluaciones nacionales impulsaron el desarrollo de una iniciativa nacional de lectura para promover la instrucción en los primeros grados (R. Prouty, comunicación personal, Washington, DC, 15 de mayo de 2005). Panamá ofrece un ejemplo de un uso muy diferente de los resultados de las evaluaciones en el contexto de la reforma del currículo. En ese país, uno de los principales propósitos de la evaluación nacional era comprobar el impacto de un nuevo currículo (Ferrer, 2006).

Un problema para la mayoría de las evaluaciones nacionales es que se presupone la adecuación del currículo previsto, y las tareas de las evaluaciones se basan en el currículo. El análisis se limita entonces a saber en qué grado han adquirido los estudiantes el conocimiento y las habilidades establecidas en el currículo y, tal vez, con qué eficacia se ha enseñado el currículo. Sin embargo, esta suposición implica ignorar el hecho de que en muchos países en desarrollo la provisión de la educación se orienta hacia las élites, con un desajuste resultante entre el plan de estudios y el estudiante común (Glewwe y Kremer, 2006).

En varios países, la adecuación del plan de estudios se ha cuestionado como consecuencia de los resultados de una evaluación nacional. En un informe en Bután, preparado según la evaluación nacional de 6.° grado en el 2003, la sobrecarga curricular se identificó como un problema y se recomendó una revisión estratégica del plan de estudios de matemáticas "para prestar menor atención (o ninguna) a álgebra y geometría, o por lo menos no en el nivel de sofisticación que actualmente se espera de los estudiantes" (Junta de examinadores de Bután, 2004: viii; véase también Powdyel, 2005). Las opiniones de las partes interesadas respecto de la interpretación de los resultados de la evaluación señalan la necesidad de reformar el currículo. En Etiopía, por ejemplo, se utilizaron las observaciones aportadas por los maestros, los estudiantes y los padres de familia, junto con un análisis del rendimiento de los estudiantes en las pruebas de la evaluación nacional, para tomar decisiones con respecto a la reforma del currículo (Z. Gebrekidan, comunicación personal, Addis Abeba, 30 de junio de 2008).

El equipo de evaluación nacional de Uruguay, con el asesoramiento de los maestros, fue más allá de lo establecido oficialmente en el currículo en sus pruebas, lo que dio lugar a un debate sobre la validez y la importancia de lo que se enseña en las escuelas. Con el tiempo, el marco conceptual de la prueba (junto con los libros de texto para estudiantes y las guías de enseñanza) se convirtió en una referencia alternativa al currículo nacional oficial para los docentes (Ferrer, 2006).

El valor de una evaluación nacional para el análisis y la revisión del currículo probablemente será mayor si el personal curricular participa en el establecimiento de las habilidades precisas que se evaluarán. Puede, por ejemplo, ayudar al proceso de desarrollo de la prueba y aclarar el significado de los términos tales como *lectura*, que se puede definir en una variedad de formas, desde la capacidad de pronunciar palabras simples hasta la capacidad de leer y comprender frases simples y párrafos, o hasta la capacidad de construir el significado de diferentes formas de textos, incluidos pasajes literarios extensos y textos informativos (tales como menús y horarios). El uso de los resultados de las evaluaciones nacionales para la revisión del currículo también se verá facilitado si el personal curricular participa en la definición de los niveles de competencia y en la especificación de la clase de análisis de datos que podría facilitar la tarea (por ejemplo, en el caso de la aritmética, qué tal se desempeñan los estudiantes en conjuntos de ítems que evalúan el cálculo simple con números enteros o la comprensión conceptual de fracciones y decimales). Por último, el equipo de evaluación nacional debería redactar un breve informe sobre las implicancias de los resultados de la evaluación de la reforma del currículo y discutirlo con la autoridad curricular.

REVISIÓN DE LOS LIBROS DE TEXTO

Lo ideal es que los libros de texto reflejen con precisión el contenido del currículo. Sin embargo, un estudio llevado a cabo por la Asociación Americana para el Avance de la Ciencia demostró que el contenido de los libros de texto de ciencia y matemáticas para la educación media y secundaria no estaba adecuadamente armonizado con los parámetros que figuran en la mayoría de los estándares estatales (Kulm, Roseman y Treistman, 1999), que también se utilizan para el establecimiento de las normas de evaluación. Los resultados de las evaluaciones nacionales (e internacionales) tratan este problema mediante la identificación de los aspectos del currículo que podrían merecer una mayor cobertura o atención en las ediciones nuevas o revisadas de los libros de texto para estudiantes y los manuales de los docentes.

Existe poca información de que las evaluaciones nacionales hayan llevado directamente a la revisión de los libros de texto, lo cual generalmente ocurre después de que se hayan introducido cambios sustanciales en el plan de estudios oficial. Sin embargo, existe un número de casos en América Latina donde los cambios en los libros de texto se han realizado de forma paralela a la actividad de evaluación. En Uruguay, por ejemplo, los equipos técnicos encargados de la evaluación nacional y la revisión de los libros de texto trabajaron a partir de enfoques conceptuales y pedagógicos similares, aunque no idénticos (P. Arregui, Comunicación personal, Lima, 22 de septiembre de 2008). En el área del lenguaje, las nuevas teorías de la enseñanza, que requieren el estudio de un mayor número de géneros literarios, se reflejaron en el contenido de las evaluaciones nacionales y alentaron la producción de una amplia gama de materiales de lectura.

Una propuesta interesante con respecto a la provisión de libros de texto se originó luego de una evaluación nacional en Vietnam (Banco Mundial, 2004). A raíz del hallazgo de que menos de la mitad de los estudiantes tenían toda la cantidad establecida de libros de texto y libros complementarios recomendados, el equipo de evaluación nacional propuso que la autoridad curricular dispusiese una cantidad menor y más realista de libros, y tras ello se realizasen esfuerzos para asegurarse de que cada estudiante recibiese todos los libros.

El uso de los resultados de las evaluaciones nacionales para la reforma de los libros de texto probablemente aumentará si sucede lo siguiente:

- Si la evaluación implica la participación activa de la autoridad curricular nacional en el desarrollo de las pruebas
- Si la unidad de evaluación nacional ofrece los resultados a la autoridad curricular en una forma adecuada a fin de revisar la calidad de la cobertura de los planes de estudio en los libros de texto
- Si quienes formulan los estándares o niveles de rendimiento incluye a personas con experiencia en el desarrollo del currículo, así como personal experto en medición o evaluación educativa.

CONCLUSIÓN

El uso que pueda hacerse de los resultados de una evaluación nacional depende, en primera instancia, de la información que proporciona la evaluación. De este modo, los responsables de las políticas y de la gestión deben especificar sus necesidades de información en la etapa de planificación de la evaluación. Las evaluaciones nacionales proporcionan una descripción de los logros de los estudiantes. Sin embargo, los usos que se pueda hacer de la información al decidir sobre intervenciones, por ejemplo, dependerán, en cierta medida, del detalle con que se describa el rendimiento (por ejemplo, para diferentes ámbitos o áreas de contenido de matemáticas) y de las pistas que la evaluación proporcione acerca de las razones del bajo rendimiento. Además, dependerá del nivel de detalle en las pruebas de rendimiento académico que los datos obtenidos en una evaluación revelen las cuestiones que podrían abordarse en la revisión de los planes de estudio o de los libros de texto.

No todas las evaluaciones nacionales recopilan información sobre los recursos. Es probable que esta información se necesite si existen preocupaciones acerca de la provisión en todo el sistema.

Los resultados de la evaluación pueden ser importantes a la hora de establecer normas relativas al rendimiento estudiantil en el sistema educativo. Por supuesto, solo será posible hacer un seguimiento de las tendencias si se dispone de datos comparables en diferentes momentos.

En teoría, los resultados de la evaluación se pueden usar en la formulación de políticas, en la revisión del sistema educativo y en la toma de decisiones para proporcionar recursos adicionales a las escuelas. El grado en el que se utilicen para estos fines dependerá, sin embargo, de una serie de factores. Estos factores incluyen la disponibilidad de informes de extensión apropiada en un lenguaje adecuado orientado a los intereses y las necesidades de los responsables de formular políticas y de tomar decisiones; la disponibilidad y el uso de los canales de comunicación adecuados; la disponibilidad de recursos presupuestarios; y el interés, la capacidad y la voluntad de los encargados de tomar decisiones para absorber, interpretar y aplicar los resultados de una evaluación.

CAPÍTULO 6

LOS RESULTADOS DE LAS EVALUACIONES NACIONALES Y LA ENSEÑANZA

Aunque el principal objetivo de la evaluación nacional puede ser el de proporcionar información a los responsables políticos y a quienes gestionan la enseñanza, es poco probable que el aprendizaje de los estudiantes mejore a menos que los resultados de las evaluaciones nacionales se utilicen para formular políticas y estrategias dirigidas a cambiar las prácticas en la escuela y en el aula. Después de una evaluación, un enfoque consiste en iniciar intervenciones en las escuelas o categorías de escuelas que se consideren especialmente necesitadas de apoyo (por ejemplo, proporcionando recursos físicos adicionales u ofreciendo apoyo a los maestros para actualizar sus conocimientos o competencias). En esta situación, la autoridad central especificará claramente los términos de la intervención. Sin embargo, después de una evaluación nacional no se suelen realizan intervenciones específicas. Generalmente, se publican los resultados y se deja a las principales partes interesadas, como maestros, inspectores, asesores y supervisores, la tarea de decidir (y emprender) los cambios en sus prácticas que podrían influir en el rendimiento de los estudiantes. La cuestión abordada en este capítulo es cómo la información que se obtiene en una evaluación nacional basada en una muestra puede traducirse en métodos efectivos para mejorar las deficiencias en las distintas escuelas y aulas.

El capítulo considera dos enfoques para esta tarea. El primer enfoque se centra en la mejora del desarrollo profesional de los docentes, proporcionando formación inicial y continua. En el segundo, las escuelas deciden sobre la relevancia de los resultados de la evaluación nacional con respecto a su situación específica y, si los resultados se consideran relevantes, diseñan estrategias para hacer frente a los problemas identificados. Estos dos enfoques no siempre se pueden distinguir fácilmente. Los cursos de formación continua (para actualizar los conocimientos y competencias de los maestros) deberán realizarse en las escuelas y, algún tipo de curso o taller de formación permanente debería servir de apoyo para la respuesta de las escuelas a la evaluación nacional.

DESARROLLO PROFESIONAL DE LOS DOCENTES

Los resultados de las evaluaciones nacionales constituyen una importante fuente de datos para los ministerios de educación, los organismos regionales y los proveedores de formación inicial y permanente del profesorado. En esta sección se describe primero cuatro fuentes de estos datos que se puede usar para orientar las actividades de desarrollo profesional de los docentes. A continuación se ofrece ejemplos de varios países.

Fuentes de datos de una evaluación nacional para guiar el desarrollo profesional de los docentes

Se dispone de cuatro fuentes de datos para guiar el desarrollo profesional de los docentes: (a) el marco de las preguntas de la evaluación y de la muestra, (b) el rendimiento de los estudiantes en la evaluación, (c) las respuestas a los cuestionarios, y (d) el rendimiento de los maestros en las pruebas de logro académico (sobre las que se obtiene algún tipo de información en las evaluaciones nacionales).

Marco de las preguntas de la evaluación nacional y las muestras. El análisis de un área curricular o constructo contenido en el marco de una evaluación nacional, sin tener en cuenta los resultados, puede ser por sí mismo una importante fuente de nuevos enfoques y conocimiento para los docentes. Por ejemplo, a los docentes que asisten a formación continua se les podría solicitar revisar los métodos que utilizan ante los análisis del rendimiento en matemáticas contenidos en el marco. Deberían preguntarse; «¿Me centro demasiado cuando doy clase en el conocimiento procedimental (como multiplicar) en detrimento de la resolución de problemas en un nivel cognitivo superior, o presto suficiente atención a algunos aspectos del currículo, como la enseñanza de la forma y el espacio?» La formación continua también puede ofrecer al docente la posibilidad de estudiar las preguntas de muestra que se suelen publicar después de una evaluación nacional y que pueden servir como modelo para las evaluaciones de clase (Georgia Department of Education, s. f.).

Rendimiento de los estudiantes en la evaluación. Los cursos de desarrollo profesional podrían centrarse en aspectos del currículo y del desarrollo escolar de los estudiantes que la evaluación nacional considere problemáticos. Un examen detallado de los resultados, por ejemplo, ofrece información sobre aspectos específicos de la lectura (por ejemplo, detectar el significado no declarado en un texto) o las matemáticas (por ejemplo, resolución de problemas), donde los estudiantes, y por inferencia los maestros, necesitan ayuda (véase el capítulo 2).

Las respuestas a los cuestionarios. Una evaluación nacional ofrece no solo datos obtenidos en las pruebas sobre el rendimiento de los estudiantes sino también otra información que se puede utilizar para diseñar cursos. La información obtenida en los cuestionarios también es relevante. Puede dilucidar una serie de factores relevantes para la enseñanza: las condiciones sociales y económicas con las que cuentan las escuelas; los problemas a los que los docentes se enfrentan al enseñar; la valoración de los docentes sobre la disponibilidad, calidad y utilidad de los recursos (incluyendo libros de texto y el manual del profesor); las actitudes de los padres y los estudiantes frente a la educación y la motivación de los estudiantes para aprender (véase Griffith y Medrich, 1992). En la evaluación nacional en EE. UU., la información obtenida de estudiantes y docentes en los cuestionarios dio pie a una reflexión por parte de los docentes. Los análisis posteriores de estos cuestionarios revelaron que eran correlatos importantes para el rendimiento de los estudiantes. La información de los cuestionarios de los estudiantes estaba relacionada con el nivel educativo de los padres y los recursos educativos en el hogar; el cuestionario de los docentes contenía información detallada sobre la forma en la que los maestros enseñan matemáticas (por ejemplo, cómo abordan los problemas específicos o habituales, libros de texto y hojas de trabajo utilizados, si los estudiantes habían resuelto problemas reales y si estos habían trabajado en parejas) (véase Wenglinksy, 2002)

Un ejemplo del Estudio Internacional de Tendencias en Matemáticas y Ciencias (TIMSS) del año 2003 muestra cómo una pregunta sobre la disposición de los docentes a enseñar distintos aspectos del currículo de matemáticas ayudó a identificar deficiencias en los conocimientos de los docentes que se podían abordar con la formación continua. En un informe del estudio se presentaron datos sobre el porcentaje de estudiantes cuyos maestros pensaban que estaban capacitados para enseñar temas específicos (Mullis y otros, 2004). La tabla 6.1 muestra un extracto del informe de dos de las cinco áreas de contenido en matemáticas (aritmética y álgebra). Los datos indican que la formación continua (así como la formación inicial) en la mayoría de los países debería concentrar su atención en la enseñanza de competencias específicas, como los atributos de un gráfico. Se pueden incluir preguntas similares en una evaluación nacional para ayudar a identificar las áreas a las que debe prestarse más atención en los cursos de formación del profesorado.

Un cuestionario para los maestros también puede ofrecer información sobre la experiencia del profesor con la formación continua y las necesidades que a su parecer la formación continua debería cubrir. En la India y Bután, los datos del cuestionario determinaron que muchos docentes tenían poca o ninguna experiencia en formación continua (Junta de Exámenes de Bután, 2004; Powdyel, 2005; Singh y otros, s. f.). En Lesoto se puso de manifiesto la necesidad de formación sobre cómo enseñar a escribir (M. C. Ramokoena, comunicación personal, Maseru, 6 de abril de 2009).

Aunque este tipo de información puede servir de orientación para los programas de formación continua, se requiere una destreza significativa para poder obtenerla de un cuestionario. Por ejemplo, se deben evitar problemas como los encontrados en la evaluación nacional de

TABLA 6.1

Porcentajes de estudiantes cuyos maestros informaron que estaban preparados para enseñar matemáticas, datos TIMSS, 8.° grado

Porcentaje de estudiantes cuyos maestros afirman sentirse preparados para enseñar temas de matemáticas

Países seleccionados	Números		Álgebra		
	Representación de decimales y fracciones mediante palabras, números y líneas numéricas	Números enteros expresados como palabras, números y líneas numéricas, ordenación de enteros y operaciones (+, −, × y ÷) con enteros	Patrones de secuencias numéricas algebraicos y geométricos	Ecuaciones lineales y desigualdades simples y sistemas de ecuaciones (dos variables)	Representaciones equivalentes de funciones como pares ordenados, tablas, gráficos, palabras o ecuaciones	Atributos de un gráfico, tales como intersecciones de los ejes e intervalos
Bulgaria	100	100	99	100	100	100
Irán, República Islámica de	98	98	90	98	94	87
Líbano	98	100	93	96	95	95
Arabia Saudí	96	100	86	95	94	80
Serbia	91	90	93	90	90	90
Túnez	99	98	87	71	74	71

Fuente: extraído de Mullis y otros, 2004: 256.

Escocia (*Assessment of Achievement Programme*), en la que los datos obtenidos de los cuestionarios no eran suficientemente específicos como para establecer asociaciones entre el rendimiento de los estudiantes y las prácticas de la escuela (Robertson, 2005).

La aptitud de los maestros en una prueba de rendimiento académico. Aunque los cursos diseñados para mejorar las competencias pedagógicas de los maestros son más habituales que los que se centran en el conocimiento del contenido de la materia, la necesidad de abordar estos últimos puede ser más urgente de lo que en general se reconoce. En las pocas evaluaciones nacionales en las que se obtuvo información sobre los conocimientos de los maestros en la materia se revelaron graves deficiencias. Tras la evaluación nacional de 5.º grado en Vietnam, en la que se aplicaron los mismos ítems de las pruebas a los maestros y a los estudiantes, se puede mostrar la distribución de la puntuación de comprensión lectora de los estudiantes (la distribución más uniforme en la figura 6.1) y la de los maestros (la distribución más pronunciada a la derecha). Los datos muestran que el 12 % superior de los estudiantes superó al 30 % inferior de los maestros.

FIGURA 6.1

Distribución de la puntuación en lectura de alumnos y maestros: Vietnam

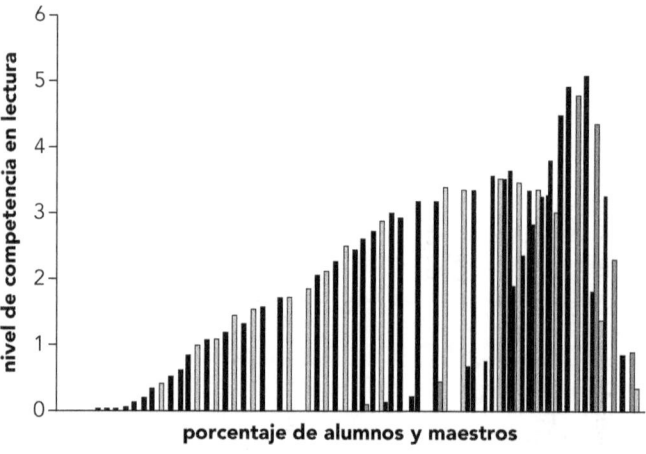

Fuente: Banco Mundial 2004, vol. 1: figura 2.
Nota: Las calificaciones de lectura de los estudiantes se representan con la curva más uniforme y la puntuación de los maestros con la curva más pronunciada.

En el Sistema de evaluación de la educación nacional de Pakistán, los ítems aplicados a los estudiantes de 4.º grado también se aplicaron a los maestros. Como en Vietnam, la distribución de los puntajes se superpuso. Aproximadamente el 3 % de los maestros obtuvo una puntuación por debajo de la media de la puntuación de los estudiantes. El 90 % de los maestros respondió de forma correcta un pequeño número de ítems (A. Tayyab, comunicación personal, Oxford, Reino Unido, 24 de julio de 2008). Un examen detenido de los datos de los maestros muestra que estos rindieron menos en los ítems que evaluaban la geometría, el valor posicional y la medición. Por ejemplo, solo el 42 % contestó de forma correcta un ítem similar al que se muestra en el recuadro 6.1, en el que se requería unir un número de cuatro dígitos con su equivalente en palabras.

Las evaluaciones nacionales en África han demostrado resultados similares (Duthilleul y Allen, 2005). La tabla 6.2 documenta, en una evaluación nacional en Mozambique, los porcentajes de maestros distribuidos en ocho niveles de competencia en una prueba de matemáticas diseñada para estudiantes de sexto grado. La descripción de los niveles de competencia identifica las habilidades y conocimientos que los maestros habían adquirido de cada nivel y, de forma implícita, las habilidades y conocimientos de los que carecían. Por ejemplo, todos los maestros alcanzaron niveles de competencia 1 y 2, pero cerca de uno de cada cuatro no respondió correctamente a los ítems de resolución de problemas (niveles 7 y 8).

RECUADRO 6.1

Ítem de coincidencia de valor posicional: Pakistán

¿Cuál de las siguientes opciones es lo mismo que 4256?

A) Cuatro mil doscientos cincuenta y seis

B) Cuatro mil quinientos veintiséis

C) Cuatro mil doscientos cincuenta

D) Cuatrocientos veinticinco mil seis

Fuente: A. Tayyab, comunicación personal, Oxford, Reino Unido, 24 de julio de 2008.

TABLA 6.2

Porcentaje de puntuación de los maestros en cada nivel de competencia en matemáticas: Mozambique

Nivel	Descripción	Porcentaje
Nivel 1: Sin nociones de aritmética elemental	• Realiza operaciones sencillas de sumas y restas. Reconoce formas simples. • Relaciona números y dibujos. • Cuenta números enteros.	0,0
Nivel 2: Con nociones de aritmética elemental	• Realiza operaciones de sumas y restas de dos pasos con llevadas, comprobación (mediante un cálculo muy básico) o conversión de dibujos a números. • Calcula la longitud de objetivos conocidos. • Reconoce formas bidimensionales comunes.	0,0
Nivel 3: Aritmética básica	• Traduce la información verbal de una oración, gráfico simple o tabla utilizando operaciones aritméticas en varios pasos repetidos. • Traduce información gráfica en fracciones. • Interpreta el valor posicional de números enteros hasta unidades de millar. • Interpreta unidades de medida habituales y sencillas.	0,3
Nivel 4: Iniciación a la aritmética	• Traduce información verbal o gráfica en problemas aritméticos simples. • Utiliza varias operaciones aritméticas diferentes (en el orden correcto) con números enteros, fracciones y decimales.	2,9
Nivel 5: Competente en aritmética	• Traduce información verbal, gráfica o de tablas a forma aritmética para resolver los problemas propuestos. • Resuelve problemas de operaciones múltiples (mediante el uso de órdenes correctas de operaciones aritméticas) que involucran unidades de medida habituales y números mixtos. • Convierte unidades de medida básicas de un nivel de medida a otro (por ejemplo, metros a centímetros).	4,6
Nivel 6: Capacitado en matemáticas	• Resuelve problemas de operaciones múltiples (mediante el uso de órdenes correctas de operaciones aritméticas) que implican fracciones, ratios y decimales. • Traduce información de representación gráfica y verbal en forma simbólica, algebraica y de ecuación para resolver los problemas matemáticos propuestos.	16,3

(continúa)

Tabla 6.2 *(continúa)*

Nivel	Descripción	Porcentaje
	• Comprueba y calcula las respuestas mediante conocimiento externo (no incluido en el problema).	
Nivel 7: Resolución de problemas concretos	• Extrae y convierte (por ejemplo, con respecto a unidades de medida) información de tablas, gráficos y presentaciones visuales y simbólicas para resolver problemas de varios pasos.	44,3
Nivel 8: Resolución de problemas abstractos	• Identifica la naturaleza de un problema matemático no explícito integrado con información verbal o gráfica, y después lo traduce en forma simbólica, algebraica o de ecuación para resolver el problema.	31,7

Fuente: Bonnet 2007. Reproducido con permiso.

FIGURA 6.2

Evaluación nacional de matemáticas en Vietnam para 5.° grado. Correlación entre la media de la puntuación provincial entre profesor y estudiante

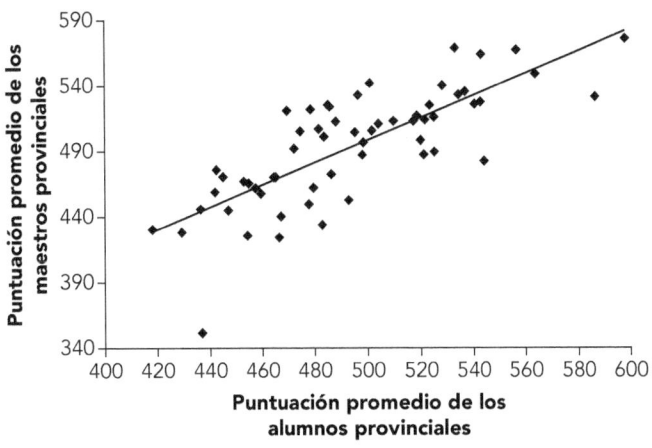

Fuente: Banco Mundial 2004, Vol. 1: Figura 5.

Otros datos de Vietnam (figura 6.2) muestran el grado en que se relacionan el conocimiento del tema del profesor y el rendimiento del estudiante en matemáticas. A medida que se incrementa la media de la puntuación del rendimiento de los maestros (basada en la media de una provincia), aumenta la media de los estudiantes (también basada en la media de una provincia) (Banco Mundial, 2004). Los resultados llevaron a la recomendación de que a los maestros con un dominio bajo de los temas se les debía animar a participar en los cursos de formación continua para mejorar sus conocimientos como medio para reducir la cifra de estudiantes con bajo rendimiento.

Ejemplos de actividades para mejorar el desarrollo profesional del docente después de una evaluación nacional

Hay relativamente poca información de que los responsables políticos o los que planifican los proyectos educativos utilicen los resultados de las pruebas para determinar los temas que se deberán abordar en los programas de formación del profesorado, excepto en algunos países de América Latina (Argentina, Brasil, Chile, Cuba, República Dominicana, Ecuador, Guatemala, Honduras, Uruguay y la República Bolivariana de Venezuela) (Ferrer, 2006). Algunos países han utilizado los resultados como base para eventos masivos de formación de maestros en la televisión nacional (Cuba) y en revisiones de la evaluación nacional realizadas por educadores, incluidos los formadores de maestros (República Dominicana). El estado brasileño de Minas Gerais proporciona un buen ejemplo del uso de los datos de la evaluación para mejorar la formación de los maestros (recuadro 6.2). No obstante, existe muy poca información sobre el efecto de estos esfuerzos sobre la competencia de los maestros (Arregui y McLauchlan, 2005).

En Uruguay, donde las escuelas son el público principal de los resultados, las medidas principales después de una evaluación se centran en invertir en la mejora de los conocimientos y la capacidad pedagógica de los maestros, con especial énfasis en la enseñanza de la lectura y las matemáticas en las escuelas que atienden a estudiantes de entornos desfavorecidos. Este enfoque parece haber tenido resultados muy positivos, los cuales se han reflejado en una mejora del rendimiento de los alumnos en las evaluaciones a lo largo del tiempo (véase el capítulo 5). Entre las características más significativas de este enfoque se encuentran las siguientes (Ravela, 2006):

- Análisis de ítems y errores del rendimiento de los alumnos
- Ausencia de rendición de cuentas a alto nivel

> **RECUADRO 6.2**
>
> **Utilización de los resultados de una evaluación nacional para mejorar la formación del profesorado: Minas Gerais, Brasil**
>
> El estado brasileño de Minas Gerais tomó las siguientes medidas para diseñar y utilizar los resultados de una evaluación nacional para mejorar la formación del profesorado:
>
> - El propósito de la evaluación era proporcionar información útil a las instituciones de formación de docentes.
> - Las 29 instituciones de educación superior existentes colaboraron para diseñar y administrar las pruebas, procesar los resultados y distribuirlos entre las escuelas.
> - Una universidad lideró esta iniciativa, con el apoyo de las demás.
> - Se examinaron los datos para encontrar los problemas de lectura entre los estudiantes que la evaluación mostró.
> - La intención era que los estudiantes de cursos de educación iniciales analizaran los resultados de la evaluación para familiarizarse con los temas educativos.
> - Los resultados se utilizaron para desarrollar programas de formación de maestros.
>
> *Fuente:* Ferrer 2006.

- Las escuelas reciben información basada en los resultados de las pruebas
- Encuentros de desarrollo profesional para el intercambio de ideas entre docentes
- Enfocado a escuelas basándose en la pobreza, no en el rendimiento.

Este programa de formación continua a gran escala atrajo a unos 3000 maestros de entre 300 y 500 escuelas urbanas pobres cada año (recuadro 6.3). El programa contaba con algunas de las características de los programas de desarrollo profesional que se utilizan por lo general para mejorar los conocimientos y las competencias de los maestros, centrándose en el conocimiento de los contenidos, amplias oportunidades para el aprendizaje activo, coherencia con otras actividades,

> **RECUADRO 6.3**
>
> **Características principales de un programa de formación continua de docentes basado en los resultados de una evaluación nacional: Uruguay**
>
> En Uruguay, se creó un programa de formación continua a gran escala con las siguientes características:
>
> - Los cursos se celebraban los sábados.
> - Se pagó a los maestros por participar (alrededor del 25 % del salario inicial de los docentes).
> - La participación fue voluntaria.
> - La participación se basaba en las escuelas. Los maestros solo eran admitidos en el programa de capacitación si al menos la mitad de los maestros de la escuela aceptaban participar (incluido el director).
> - Las sesiones incluyeron grupos de alrededor de sesenta maestros. Se unieron equipos de entre cinco y diez escuelas para proporcionar a los docentes la posibilidad de compartir experiencias de una misma escuela y entre distintas escuelas.
> - Los programas se centraron en escuelas en contextos desfavorecidos, pero no se tuvieron en cuenta los logros de los alumnos, para que fuera posible un intercambio de experiencias entre escuelas con rendimiento elevado y escuelas con un rendimiento pobre.
> - Las sesiones fueron dirigidas por un grupo de supervisores y maestros de instituciones de formación de docentes, seleccionados y entrenados para el programa.
> - El programa se centró en la enseñanza de enfoques para matemáticas, lenguaje, ciencias naturales y ciencias sociales.
>
> *Fuente:* Ravela 2005.

participación colectiva de maestros de la misma escuela y una duración del programa suficiente para tener repercusión práctica (véase Garet y otros, 2001).

La comunicación y los problemas políticos pueden inhibir los esfuerzos por influir en la formación del profesorado, como fue el caso en Argentina, donde se informó de la falta de comunicación entre los organismos responsables de la formación y la evaluación del profesorado (Ferrer, 2006). Los problemas en Chile se atribuyeron a que, a menudo, las instituciones de formación de docentes se oponían a la evaluación nacional (Sistema de Medición de la Calidad de la Educación, o SIMCE) por motivos ideológicos (Meckes y Carrasco, 2006).

Con frecuencia, los programas y cursos de formación continua son proporcionados por los directores en reconocimiento del papel fundamental que desempeñan en la vida de las escuelas. En Uruguay, por ejemplo, además de talleres para maestros y supervisores, se organizaron talleres después de una evaluación nacional específicamente para abordar los problemas de los directores (Benveniste, 2002). Sería de esperar que la formación continua para directores incluyera una amplia gama de temas diseñados para proporcionar conocimientos y desarrollar capacidades que puedan contribuir a la creación de un entorno que estimule el aprendizaje de los alumnos. Los cuestionarios administrados en una evaluación pueden ayudar a dar forma al contenido de este tipo de formación continua, impulsando a las autoridades educativas a organizar cursos que aborden uno o más de los siguientes temas (Murphy, Yff y Shipman, 2000):

- Habilidades de los directores para gestionar los recursos de las escuelas para proporcionar un entorno de aprendizaje seguro, eficaz y eficiente
- Sus capacidades de liderazgo para sostener una cultura escolar y un programa de instrucción que apoyen el aprendizaje del alumno
- Su capacidad para ayudar a los maestros a desarrollar los conocimientos y las competencias de los maestros
- Su capacidad para analizar y abordar problemas de disciplina, asistencia a la escuela y moral del personal
- Su capacidad para desarrollar estrategias de colaboración con las familias y las comunidades en el trabajo de la escuela (particularmente si la comunidad tiene una percepción negativa de la escuela)
- Su capacidad para entender, dar respuestas e influir en un contexto más amplio, político, social, económico, legal y cultural.

ENFOQUE CENTRADO EN LA ENSEÑANZA EN LA ESCUELA Y EN LA CLASE

Garantizar que los resultados de las evaluaciones nacionales tengan un efecto sobre la actividad docente en las clases, para mejorar el aprendizaje de los alumnos, es una tarea difícil y compleja. Poco se sabe acerca de las estrategias más eficaces a utilizar, las cuales tienden a variar de un sistema educativo a otro y de una escuela a otra.

Esta sección aborda una situación en la que los resultados de una evaluación nacional se difunden y cada escuela es responsable de interpretar la relevancia de los resultados y desarrollar estrategias para abordar los problemas que puedan identificarse. Se describen tres procedimientos específicos que parecen esenciales si se desea utilizar con eficacia los resultados de una evaluación nacional: (a) comunicación de los resultados a los maestros, (b) interpretación de los resultados por parte de los maestros y evaluación de su relevancia para su escuela y (c) aplicación de los resultados mediante estrategias diseñadas para mejorar el aprendizaje de los alumnos. Una vez analizados estos tres pasos, se identifican las decisiones que es necesario tomar para planear una intervención.

Comunicación de los resultados

Existen multitud de enfoques distintos para informar a los maestros de todo el sistema educativo acerca de los resultados de una evaluación nacional basada en una muestra: material e informes impresos; seminarios y talleres; y visitas de inspectores, supervisores y asesores. En algunos países, los maestros tienen acceso a los informes de la evaluación nacional a través de internet.

Un informe puede contener comentarios y exhortaciones de naturaleza general, o información detallada basada en el análisis del rendimiento de los alumnos. Uganda, donde los resultados de su evaluación nacional se limitaron a mensajes generales enviados en forma de carteles a los maestros de todas las escuelas para ser expuestos en la clase, proporciona un ejemplo de lo primero (recuadro 6.4). Otros países proporcionan informes más detallados— principalmente para los maestros— que describen los logros de los

> **RECUADRO 6.4**
>
> **Extracto de un cartel publicado después de una evaluación nacional: Uganda**
>
> En Uganda, se distribuyó un cartel con el siguiente texto entre los maestros para que lo expusieran en sus clases:
>
> Esto es lo que sabemos:
> - Escuchar instrucciones en inglés y responder adecuadamente
> - Leer fragmentos de textos en inglés
> - Realizar sumas, restas y multiplicaciones
> - Escribir algunas palabras y frases en inglés que nos ayudan a aprender a:
> - Desarrollar un vocabulario más amplio
> - Leer rápido y de forma fluida
> - Escribir de forma clara y limpia
> - Realizar divisiones correctamente
> - Utilizar los conocimientos ya aprendidos en situaciones nuevas de la vida cotidiana
>
> *Fuente:* Junta Nacional de Exámenes de Uganda, s. f.

alumnos en función de las áreas del plan de estudios en las que han mostrado puntos fuertes y débiles en particular. La inclusión de sugerencias prácticas que las escuelas y los maestros pueden utilizar para mejorar el rendimiento de los alumnos aumenta claramente el valor de estos informes.

Un informe para los maestros de Columbia Británica (Canadá) proporciona un ejemplo de descripción detallada del rendimiento de los alumnos en una evaluación. El informe contiene varias tablas que indican el porcentaje de alumnos a nivel de distrito que han respondido correctamente cada ítem de una prueba, así como el porcentaje de alumnos que han seleccionado alternativas incorrectas. También proporciona una interpretación de lo que hacen típicamente los alumnos que eligen las respuestas incorrectas. La tabla 6.3 muestra un ejemplo de prueba de matemáticas (patrones y relaciones).

TABLA 6.3

Porcentaje de alumnos que respondió correctamente a los ítems de una evaluación de matemáticas: Columbia Británica, Canadá

Número de ítem	Porcentaje de respuestas correctas	Descripción del ítem	Comentarios para las respuestas incorrectas
2	53	Un problema en forma textual que implica división y cálculo de un resto (división de un número de objetos en grupos de un tamaño determinado y cálculo de los sobrantes)	Más de una cuarta parte (28 %) realizaron una resta en lugar de una división; el 13 % realizó correctamente la división pero calculó un resto incorrecto.
21	55	Un problema en forma textual que implica multiplicación, resta y división (cálculo de la mayor cantidad de un artículo que se puede adquirir con el cambio de una compra anterior)	Entre los errores habituales se cuenta un cálculo incorrecto (19 %), ignorar parte de la información (10 %) y utilizar solo parte de la información para los cálculos (10 %).

Fuente: extracto proporcionado por el Ministerio de Educación de Columbia Británica 1999.

De manera similar, el recuadro 6.5 proporciona un ejemplo de ítem que se podría utilizar en una discusión en grupo para ayudar a los maestros a identificar los errores habituales de los alumnos cuando se enfrentan a ítems básicos de cálculo matemático que implican más de un paso y un número al cuadrado.

El número entre paréntesis después de cada opción representa el porcentaje de estudiantes que seleccionó esa opción. La discusión entre los maestros debería llevar a las siguientes conclusiones:

- La mayoría de los alumnos respondieron incorrectamente y no seleccionaron la opción D.
- Es posible que los que seleccionaron la opción A no conocieran el significado del índice 2.
- Es posible que los que seleccionaron la opción B hayan cambiado el signo dentro del paréntesis debido al signo negativo fuera del paréntesis.
- Es posible que los que seleccionaron la opción C hayan multiplicado 3 por 4 y después restado 1 en lugar de restar primero 1 de 4.

> **RECUADRO 6.5**
>
> **Ítem de matemáticas**
>
> $5^2 - 3(4 - 1) =$
>
> A) −4   (13 %)
> B) 10   (22 %)
> C) 14   (27 %)
> D) 16   (38 %)

Aunque los informes para las escuelas proporcionan información potencialmente valiosa para los maestros, es poco probable que la simple distribución de los materiales en las escuelas sea efectiva debido a los siguientes motivos:

- Los maestros son bombardeados con multitud de documentos curriculares y es posible que no consideren que los informes de evaluación nacional requieren su atención de forma prioritaria. Un estudio de una ciudad de Nueva Zelanda descubrió que los maestros ignoraban ampliamente los informes de las evaluaciones nacionales o su potencial para mejorar la calidad de su trabajo docente. Aunque las escuelas habían recibido copias de los informes, muy pocos maestros conocían su existencia o los habían leído (Lovett, 1999).
- Es posible que los informes, incluso si se han preparado específicamente para escuelas y maestros, no sean suficientemente fáciles de usar (Arregui y McLauchlan 2005; OCDE, 2004).
- Es posible que los maestros necesiten asistencia para desarrollar y comprender una reforma propuesta y su relevancia para las condiciones en que enseñan.
- Probablemente, los maestros necesiten asistencia si van a cambiar su forma de enseñar para alcanzar los objetivos propuestos por una reforma (por ejemplo, para dejar de centrarse en la memorización y la repetición en grupo y centrarse en procedimientos que desarrollen un mayor compromiso de los estudiantes y una implicación más activa en el aprendizaje) (Chapman y Snyder, 2000; Grant, Peterson y Shojgreen-Downer, 1996; Ravela, 2005; Snyder y otros, 1997).

Interpretación de los resultados y evaluación de su relevancia

Incluso sin una evaluación nacional, las escuelas —especialmente aquellas cuyos alumnos provienen de entornos más desfavorecidos— sabrán normalmente si un número considerable de sus alumnos experimenta dificultades. En esta situación, los resultados de una evaluación nacional podrían ser simplemente un incentivo para la reflexión y la actuación. No obstante, los resultados de una evaluación, además de reforzar las percepciones de los maestros (si, por ejemplo, se han señalado determinadas categorías de una escuela como problemáticas), pueden indicar la naturaleza de las dificultades de los alumnos y proporcionar pistas acerca de los factores que inhiben o estimulan el aprendizaje de los alumnos. Sin embargo, está claro que las escuelas necesitan ser conscientes de las condiciones actuales en las que funcionan, las cuales pueden variar considerablemente de un lugar a otro.

A este respecto, existen diversos factores que merecen consideración. Los niveles de rendimiento de los alumnos, y las causas de un bajo rendimiento, difieren de una escuela a otra. El conocimiento de los contenidos que hay que impartir difiere de un profesor a otro, además de sus habilidades y actitudes pedagógicas. Los recursos disponibles son distintos en cada escuela, así como la forma en que se utilizan estos recursos, las limitaciones a las que tienen que hacer frente las escuelas (como clases muy grandes) y su capacidad para cambiar. También son diferentes las circunstancias socioeconómicas en las que desarrollan sus actividades, la disposición de los alumnos para aprender cuando llegan a la escuela y la asistencia que reciben de sus familias y comunidades. Los maestros tienen que reflexionar sobre estas cuestiones, estimando la relevancia de los resultados de la evaluación para su situación. En particular, necesitan determinar los conocimientos y habilidades correspondientes a las mayores necesidades educativas y el tipo de cambio que podría ser más efectivo.

Debido a que las evaluaciones basadas en una muestra no proporcionan información acerca del rendimiento estándar en cada escuela, las escuelas necesitan disponer de alguna herramienta para determinar cómo comparar los logros de sus estudiantes con los de los estudiantes de otros colegios, si se desea que los resultados de la evaluación nacional sean relevantes. Uruguay abordó este problema elaborando un instrumento de evaluación disponible para las escuelas que no participaron en la evaluación nacional. Aunque este enfoque permite a todas las escuelas comparar el rendimiento de sus estudiantes con los estándares nacionales, tiene la desventaja de que la capacidad de controlar el rendimiento del sistema educativo a lo largo del tiempo se ve perjudicada debido a que, presumiblemente, no se pueden reutilizar ítems ampliamente disponibles. Un enfoque alternativo sería desarrollar y proporcionar a todas las escuelas un conjunto de pruebas del rendimiento estandarizadas que los maestros pudieran administrar a sus propios alumnos para determinar su posición relativa respecto a los estándares nacionales que proporcionarían estas pruebas. El valor de las pruebas estandarizadas aumentaría enormemente si éstas proporcionasen también información de diagnóstico acerca de los logros de los alumnos, que podría servir como base para medidas correctoras.

Aplicación de los resultados

Cuando se determina la relevancia de los resultados de una evaluación nacional para una escuela determinada, la escuela debe revisar detalladamente el rendimiento de sus estudiantes (identificando las carencias y debilidades en el aprendizaje) y las circunstancias que podrían contribuir a esta situación. Se deben diseñar estrategias que aborden los problemas identificados. Muchos maestros encontrarán esta tarea muy difícil y necesitarán un apoyo considerable. El apoyo puede adoptar la forma de directrices y ejemplos de buenas prácticas proporcionados por el ministerio de educación, talleres para directores y especialistas en las materias o asistencia local proporcionada por inspectores o supervisores. Todo esto puede formar parte de las deliberaciones en las reuniones del personal.

Es posible que los maestros necesiten ayuda para (a) identificar aspectos de sus prácticas que sea necesario cambiar, (b) describir las prácticas deseadas, (c) describir las diferencias entre las prácticas actuales y las deseadas y (d) especificar las etapas en las prácticas que indicarán un avance hacia las prácticas deseadas. El avance por las etapas será un proceso incremental durante el cual sería de esperar que los maestros vayan modificando las prácticas existentes hacia otras con mayor probabilidad de influir positivamente sobre el aprendizaje de los alumnos.

Algunos informes de evaluaciones nacionales incluyen recomendaciones para actuar de forma específica (véase el recuadro 6.6). Las recomendaciones son específicas para un país en particular y su plan de estudios, y es posible que no sea relevante en otras circunstancias. No obstante, el punto clave es que cuando una evaluación nacional incluye recomendaciones, puede servir como estímulo o lista de comprobación para guiar una serie de discusiones del personal durante las que el director y los maestros revisan las prácticas de su escuela y en qué medida éstas se ajustan o no a las prácticas recomendadas por el informe de la evaluación nacional.

Con gran frecuencia, los informes de una evaluación nacional no incluirán recomendaciones específicas. En tal caso, los maestros dependerán más de sus propios recursos para elaborar estrategias que aborden los puntos débiles en el rendimiento académico de los alumnos identificados por la evaluación. En Uganda, una vez analizados los resultados de la evaluación (por ejemplo, bajo rendimiento en la lectura de textos continuos, en escritura y en geometría), un grupo de directores de varias escuelas identificó formas específicas que pensaban que podrían mejorar el entorno de aprendizaje en sus escuelas. Estos métodos incluían la mejora del ritmo de instrucción en respuesta al progreso de los alumnos (o la falta de este), la comprobación de los planes de trabajo de los maestros y la organización de las lecciones, implicando a los alumnos en la elaboración de materiales de aprendizaje y celebrando competiciones entre estudiantes en tareas de lectura y aritméticas (Acana, 2008).

El análisis de los resultados de una investigación educativa puede aportar ideas en las reuniones de maestros y el personal y en otros foros acerca de métodos para abordar los problemas revelados por una evaluación nacional. Debido a que es poco probable que los maestros estén familiarizados con los resultados de la investigación, las páginas siguientes resumen los principales resultados que podrían aportar ideas para el debate. Las áreas relevantes para tales discusiones son (a) la investigación de la eficacia de la escuela (recuadro 6.7), (b) la investigación de la eficacia de los maestros (recuadro 6.8) y

RECUADRO 6.6

Recomendaciones basadas en una evaluación nacional en matemáticas, 5.° grado: Irlanda

Las siguientes recomendaciones proceden de una guía publicada por el Departamento de Educación y Ciencia de Irlanda en respuesta a una evaluación nacional:

- Los maestros deben apoyar el desarrollo de sus alumnos en el tema de contenidos de «formas y espacios», consiguiendo que participen en tareas que impliquen razonamientos relacionados con la forma y el espacio.

- Los maestros deben ampliar los trabajos relacionados con la recopilación de datos, el análisis de datos, y la construcción e interpretación de gráficos en materias como geografía o ciencias. Se deben buscar oportunidades para aplicar los conocimientos de los ejes temáticos "números", "medidas" y "forma y espacio" en otras áreas temáticas y en contextos de la vida real.

- Los maestros deben poner mayor énfasis en el eje temático "medidas" para proporcionar a sus alumnos oportunidades de aplicar a problemas no rutinarios los conocimientos y habilidades adquiridos en actividades prácticas.

- Los maestros deben poner mayor énfasis en la enseñanza de habilidades matemáticas de orden superior, incluyendo "aplicaciones" y "resolución de problemas".

- Las escuelas y los maestros deben apoyar a los padres en el desarrollo de las competencias de los niños en matemáticas proporcionándoles información acerca de los cambios en el currículo y los métodos lectivos, asesoramiento sobre las actividades de matemáticas para realizar en casa, así como orientación para emplear los deberes (incluyendo el tiempo que deben dedicar a los deberes) como apoyo del aprendizaje.

- Las escuelas y los maestros deben ampliar el uso de tablas de cálculo y tecnologías de información y comunicación para enseñar matemáticas. Las tablas de cálculo y las tecnologías de información y comunicación se deben utilizar para mejorar las habilidades de razonamiento matemático y resolución de problemas, además de para desarrollar capacidades como el cálculo básico.

Fuente: adaptación de Surgenor y otros 2006; también disponible en http://www.erc.ie.

RECUADRO 6.7

Temas de discusión: Resultados de la evaluación nacional y variables de la eficacia de la escuela

Las escuelas deben incluir en sus debates los siguientes factores, cuya relación con la eficacia de las escuelas ha sido revelada por las investigaciones:

- Un ambiente escolar ordenado
- Un liderazgo formativo de alta calidad por parte del director
- Una "cultura" y un "clima" escolar positivos (unidad de propósito, centrándose en el aprendizaje de los alumnos)
- Expectativas elevadas de rendimiento y comportamiento de los alumnos
- Un entorno muy disciplinado
- Personal con moral elevada
- Oportunidades para el desarrollo del personal
- Implicación de los padres
- Coordinación y homogeneidad de la formación en los distintos grados.

Fuentes: Lockheed y Verspoor 1991; Reynolds y Teddlie, 2000.

RECUADRO 6.8

Temas de discusión: Resultados de la evaluación nacional y variables de la eficacia de los maestros

Durante los debates, las escuelas deben tener en cuenta los siguientes factores, cuya relación con la eficacia de los maestros ha sido revelada por las investigaciones:

- Conocimiento del contenido de la materia
- Gestión y organización de las clases (por ejemplo, garantizar las mínimas interrupciones)
- Prácticas formativas (claridad de objetivos académicos, adaptación de la formación al nivel de los alumnos, oportunidades para que los alumnos practiquen y apliquen lo aprendido, una cobertura curricular adecuada y oportunidades para que los alumnos aprendan)
- Habilidad para enseñar capacidades de razonamiento de orden superior

(continúa)

> **RECUADRO 6.8 *(continúa)***
>
> - Formación personalizada
> - Aprendizaje colaborativo que facilite el trabajo en grupo de los estudiantes
> - Comunicación a los estudiantes de expectativas elevadas de rendimiento y conducta
> - Recursos disponibles y adecuados (libros de texto y otro material educativo)
> - Control y evaluación del progreso de los alumnos (uso y frecuencia de un refuerzo preciso; preguntas adecuadas para el nivel de dificultad y que exigen a los alumnos reflexionar, organizar y aplicar conocimientos en lugar de simplemente recordar información)
> - Frecuencia y control de los deberes
> - Asistencia
> - Tiempo empleado en prepararse para la clase
> - Creencias, percepciones y suposiciones (incluidas las expectativas de rendimiento de los alumnos).
>
> *Fuentes:* Brophy y Good 1986; Fuller 1987; Teddlie y Reynolds 2000; Wang Haertel y Walberg 1993; Wenglinsky 2002.

(c) la investigación de las relaciones entre el aprendizaje de los alumnos y factores individuales de los estudiantes y las familias (recuadro 6.9).

Los maestros deben tener en mente varios factores al analizar la investigación. En primer lugar, los resultados se basan en su mayor parte en estudios realizados en países industriales. En los países en desarrollo el número de estudiantes es menor, pero los resultados son iguales en muchos aspectos, con la excepción de que se ha descubierto una mayor asociación entre el rendimiento de los alumnos y la calidad de los maestros, así como los recursos disponibles (por ejemplo, libros de texto) (Reynolds, 2000). En segundo lugar, los maestros pueden ser más eficientes en algunas áreas del currículo que en otras. Por ejemplo, las competencias necesarias para enseñar arte o laboratorio de ciencias pueden ser distintas de las necesarias para enseñar lengua y matemáticas (las áreas del programa investigadas en la mayoría de estudios sobre eficacia de las escuelas).

> **RECUADRO 6.9**
>
> **Temas de discusión: Resultados de la evaluación nacional y factores individuales de los estudiantes y las familias asociados al aprendizaje de los alumnos**
>
> Las investigaciones indican que características como las siguientes tienen efectos significativos sobre el rendimiento de los alumnos:
>
> - Características de los alumnos (motivación, compromiso en el aprendizaje, estado nutricional y enfermedades)
> - Asistencia
> - Nivel de estudios o ingresos de los padres
> - Apoyo familiar (tener expectativas elevadas de rendimiento escolar, implicarse en el trabajo de la escuela, ayudar con los deberes, leer a los niños o hacer que los niños lean para otros miembros de la familia y relacionarse con el profesor de los niños)
> - Exigencias sobre los alumnos fuera del colegio (responsabilidades laborales o de cuidado de los niños)

En tercer lugar, los maestros pueden ser más eficaces con algunas categorías de estudiantes que otras (Campbell y otros, 2004).

Eficacia de la escuela. Los factores generalmente asociados a la eficacia a nivel de la escuela (recuadro 6.7) destacan la importancia del papel del director, así como la importancia de desarrollar una cultura escolar que haga hincapié en el aprendizaje del alumno. Entre estos factores también se incluyen condiciones de apoyo como la disciplina y la moral escolar. Las discusiones del personal deben centrarse en el vínculo existente entre los resultados de la evaluación nacional y los factores de la eficacia escolar que sean más relevantes para la situación de la escuela.

Eficacia de los maestros. Hay información empírica recogida a lo largo de más de un siglo acerca de la influencia fundamental del entorno familiar de los alumnos sobre su capacidad de aprendizaje. En ocasiones, esta información ha llevado a los analistas a subestimar los efectos de las características de la escuela y, en particular, de las prácticas de los maestros en la clase. Un estudio reciente de los datos recopilados para la Evaluación Nacional del Progreso Educativo de EE. UU., que ha aplicado sofisticadas herramientas de análisis estadístico, ha puesto en cuestión este punto de vista. Los resultados de la investigación indican que las prácticas en la clase (por ejemplo, centrarse en la enseñanza de habilidades de razonamiento de orden superior, la aplicación de técnicas de resolución de problemas a problemas únicos y la personalización de la formación) inciden en el rendimiento en matemáticas del alumno en el octavo grado, al menos en la misma medida que el entorno del estudiante (Wenglinsky, 2002).

Los factores que según lo descubierto resultan estar asociados a la eficacia de los maestros en sus clases (recuadro 6.8) permiten identificar los conocimientos de los maestros en las materias y su capacidad pedagógica. Entre las condiciones formativas especialmente importantes se incluyen la oportunidad de aprender, el tiempo dedicado a la tarea, la enseñanza estructurada, la evaluación y comunicación de resultados a los alumnos, la disponibilidad de recursos adecuados y la utilización de varios caminos para solucionar problemas con el fin de adaptarse a las variaciones en los conocimientos y la experiencia de los alumnos de cualquier clase (Scheerens, 1998; Wenglinsky, 2002). La especificación de expectativas elevadas de rendimiento de los alumnos en las clases refuerza la necesidad de tener expectativas elevadas a nivel de la escuela (cuadro 6.7). La relación entre la eficacia escolar y la eficacia del profesor también se expresa a través de la necesidad de coordinar la formación en distintos grados. Por lo tanto, las discusiones del personal escolar en torno a una evaluación nacional deben tener en cuenta las implicaciones de los resultados para la enseñanza en todos los grados, especialmente en los grados anteriores al grado en el que se realizó la evaluación.

Lo ideal sería que el mecanismo para lograr cambios en las prácticas docentes implicara revisiones por parte del personal de la escuela para examinar e interpretar los datos de rendimiento de los estudiantes y para desarrollar estrategias de enseñanza diseñadas para aumentar el rendimiento de los alumnos. El apoyo de inspectores, supervisores o asesores es importante, dado que los maestros se esfuerzan en aplicar en sus clases lo que han aprendido. Es más probable que se produzcan cambios perdurables en la clase cuando se cumplen las siguientes condiciones específicas (Elmore y Burney, 1999; Fullan, 2001; Reezigt y Creemers, 2005):

- Se ha aclarado la naturaleza de los problemas (por ejemplo, un mal rendimiento en divisiones y decimales) y sus posibles causas.
- Se han identificado las necesidades de mejora y se han establecido objetivos específicos (relativos, por ejemplo, a los logros en áreas determinadas, las actitudes, el papel de los estudiantes en el proceso de aprendizaje y la asistencia).
- Se ha desarrollado un plan (con pasos específicos) con áreas prioritarias de formación para abordar las deficiencias encontradas.
- Se han establecido expectativas de rendimiento de los alumnos.
- Se han desarrollado estrategias basadas en las discrepancias identificadas entre las prácticas actuales y las prácticas deseadas.
- El progreso del alumno se controla de manera regular.
- La atención se centra en la aplicación concreta de las ideas generales.
- Los maestros son confrontados con la práctica real deseada en lugar de recibir descripciones de dicha práctica.
- Se ofrecen oportunidades para que los maestros interactúen entre sí y con los inspectores o supervisores en un entorno de trabajo colaborativo.
- El progreso en la ejecución del plan se evalúa y se tiene en cuenta (por ejemplo, para determinar si se han alcanzado los objetivos).

Deberá tenerse en cuenta los aspectos menos tangibles de algunos de los elementos especificados para la eficacia del profesor en el recuadro 6.8. Si, como se ha dicho, los sistemas de creencias que subyacen tras el valor y el propósito de un currículo y las expectativas y aspiraciones de los maestros para sus estudiantes son más importantes que cambiar los detalles de un currículo o las estrategias de enseñanza (Anderson, 2002; Robertson, 2005), entonces las estrategias para mejorar el aprendizaje del alumno tendrán que responder a un conjunto de circunstancias más amplio que lo que viene siendo práctica habitual.

Factores asociados al alumno, la familia y la comunidad. En sus discusiones sobre los resultados de la evaluación nacional, los directores y maestros deben tener en cuenta la investigación sobre los factores individuales asociados a los alumnos, la familia y la comunidad que afectan al aprendizaje del alumno (véase el recuadro 6.9). Si se identifican problemas relacionados con estos factores, se pueden indicar procedimientos diseñados para tener un impacto indirecto sobre el desarrollo cognitivo de los estudiantes en áreas distintas al nivel de escuela o de clase. Entre las opciones a nivel del alumno individual podría incluirse el suministro de comidas escolares o de suplementos para deficiencias nutricionales. Sin embargo, dicha medida normalmente requiere una decisión en un nivel superior o la participación de los padres, dado que es poco probable que una escuela en particular sea capaz de asumir los costos que implica. Una escuela individual tampoco sería capaz de hacer mucho en relación con los niveles de educación formal de los padres, pero podría aconsejar a los padres sobre las características de un entorno familiar que apoye el aprendizaje de los niños. Por ejemplo, los resultados de la evaluación nacional de Vietnam (véase el capítulo 2) dieron lugar a la recomendación de asesorar a los padres acerca de la utilidad de proporcionar a los estudiantes un espacio privado de estudio en casa, así como la necesidad de minimizar el absentismo escolar de sus hijos (Banco Mundial, 2004).

En su revisión de los resultados de las evaluaciones nacionales, el personal de la escuela podría reflexionar sobre la manera de fortalecer el vínculo entre la escuela y la vida familiar de los alumnos. En muchos países, las escuelas tienen vínculos formales con las familias, aunque en algunos casos solo existen sobre el papel. Puede ser necesario fortalecer y desarrollar estos vínculos para que desempeñen un papel activo en la mejora de la implicación de las familias en actividades que alienten y promuevan el aprendizaje de los alumnos. Existe una amplia gama de estrategias para este propósito. Estas estrategias incluyen (a) la implicación de los padres en la gobernanza y el trabajo de promoción en nombre de la escuela (por ejemplo, en una asociación de padres y docentes o en el consejo de administración de la escuela); (b) la participación de los padres en actividades no formativas de la escuela; (c) la celebración de talleres y conferencias para analizar las políticas de la escuela o las condiciones del hogar que promuevan el aprendizaje; y (d) la utilización de programas para implicar a los padres (u otros adultos) en las actividades de aprendizaje en casa, incluidos los dirigidos al desarrollo de habilidades para la resolución de problemas, el pensamiento crítico, la conversación y la supervisión de los deberes (Kellaghan y otros, 1993).

El aprendizaje del estudiante en la escuela también puede verse afectado por factores contextuales más amplios, como las circunstancias sociales y económicas de la comunidad a la que da servicio la escuela. Sin embargo, estos factores están en gran medida fuera del control de las escuelas. No obstante, es importante conseguir que los responsables administrativos y políticos locales apoyen la labor de la escuela, incluso en comunidades económicamente pobres. Las comunidades pueden participar a través del cuidado de las instalaciones de la escuela y aportando recursos. Es especialmente importante transmitir a la comunidad el mensaje de que las escuelas ofrecen oportunidades para el desarrollo y el progreso de los niños; las actividades de las escuelas deben reflejar claramente esta creencia.

Planificación de una intervención

Cuando el director y los maestros acuerdan un curso de acción a raíz de la discusión de los resultados de la evaluación nacional, deben elaborar un plan para poner en práctica una serie de estrategias enfocadas a mejorar el aprendizaje del alumno. El plan debe especificar la función de las personas involucradas y debe ser verificado periódicamente para controlar su aplicación. Por ejemplo, el plan puede especificar que el profesor con la mayor experiencia en la enseñanza de la escritura comparta sus ideas con los compañeros en una reunión de personal. El plan debe ser realista, teniendo en cuenta el tamaño de la escuela, los recursos disponibles, la capacidad de los maestros y la probabilidad de recibir apoyo de funcionarios de educación y miembros de la comunidad local. Idealmente, el plan debe especificar lo siguiente (Reezigt y Creemers, 2005):

- Tiempo necesario para las actividades
- Prioridades y orden de las actividades
- Estrategias (por ejemplo, talleres, formación)
- Participación de agentes externos, y sus roles y tareas, si se da el caso
- Los miembros del personal que participarán y sus tareas

- El papel y la autoridad de los miembros del personal que participan activamente (para evitar malentendidos posteriores)
- Papel previsto para los alumnos, los padres y la comunidad.

CONCLUSIÓN

El número y la complejidad de los factores que afectan al rendimiento de los estudiantes, representado en un gráfico elaborado por la Junta Nacional de Exámenes de Uganda a raíz de una serie de evaluaciones nacionales (véase el figura 6.3), resalta los desafíos a los que se enfrentan las escuelas y los docentes. Obviamente, los cursos de desarrollo profesional tienen un papel que desempeñar para abordar las deficiencias que se pueden identificar en el conocimiento de la materia o las habilidades pedagógicas de los maestros. Sin embargo, es probable que se requieran otras iniciativas en las escuelas si se desea tener en cuenta las conclusiones de una evaluación nacional y reaccionar a esas conclusiones. En el caso de las evaluaciones basadas en muestras, el primer reto es decidir la pertinencia de los resultados de la evaluación para cada escuela. Después de eso, si los resultados se consideran relevantes, o si la escuela se ha identificado en una evaluación basada en el censo, la escuela se enfrenta a la tarea de idear estrategias que mejoren el rendimiento de los estudiantes, una tarea que a menudo tiene que ser abordada con recursos limitados. Este capítulo se centró en las implicaciones de los resultados de las evaluaciones nacionales para la enseñanza. Si una evaluación nacional no establece medidas específicas, se deberá guiar a las escuelas en el desarrollo de estrategias a partir de información científica sobre la eficacia escolar, la eficacia de los maestros y el papel de los hogares y las comunidades a fin de apoyar el aprendizaje de los alumnos.

Algunas de las conclusiones de una evaluación nacional pueden apuntar a cambios en el enfoque que dependen de las escuelas y los maestros (por ejemplo, dedicar más tiempo a temas específicos del currículo, prestar una atención más cuidadosa al análisis de los deberes de los alumnos y poner un mayor énfasis en proporcionar información). Otros cambios dependen de los padres (por ejemplo, fomentar una mejor asistencia a la escuela o garantizar que los deberes se completen).

FIGURA 6.3

Factores que afectan al rendimiento: Uganda

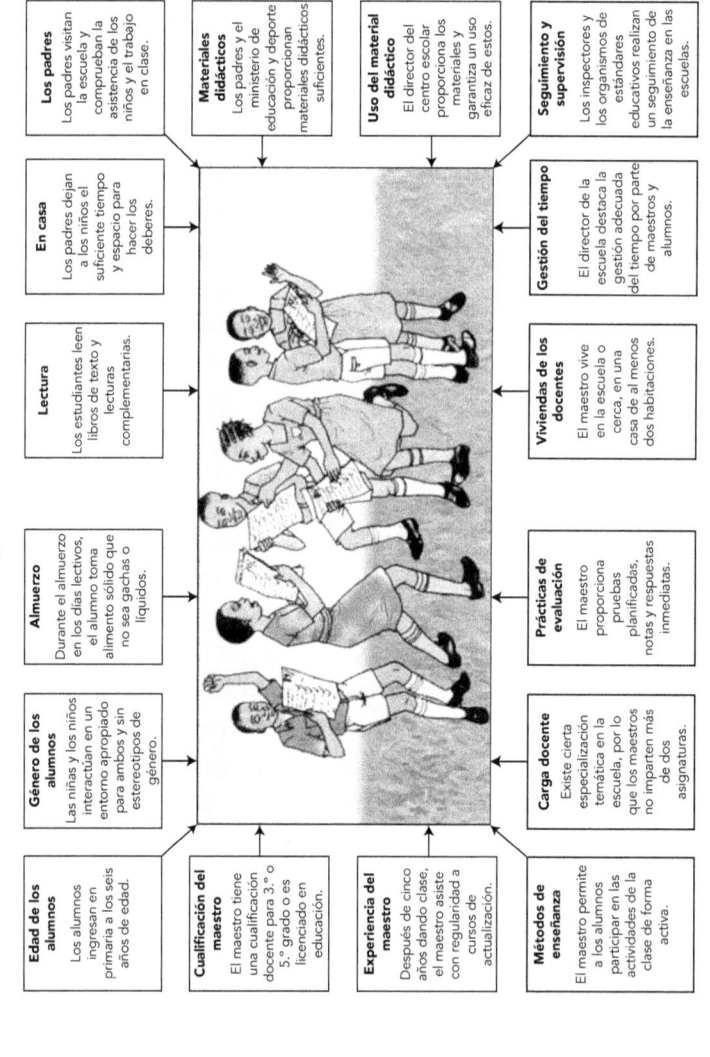

- **Edad de los alumnos:** Los alumnos ingresan en primaria a los seis años de edad.
- **Género de los alumnos:** Las niñas y los niños interactúan en un entorno apropiado para ambos y sin estereotipos de género.
- **Almuerzo:** Durante el almuerzo en los días lectivos, el alumno toma alimento sólido que no sea gachas o líquidos.
- **Lectura:** Los estudiantes leen libros de texto y lecturas complementarias.
- **En casa:** Los padres dejan a los niños el suficiente tiempo y espacio para hacer los deberes.
- **Los padres:** Los padres visitan la escuela y comprueban la asistencia de los niños y el trabajo en clase.
- **Materiales didácticos:** Los padres y el ministerio de educación y deporte proporcionan materiales didácticos suficientes.
- **Uso del material didáctico:** El director del centro escolar proporciona los materiales y garantiza un uso eficaz de estos.
- **Seguimiento y supervisión:** Los inspectores y los organismos de estándares educativos realizan un seguimiento de la enseñanza en las escuelas.
- **Gestión del tiempo:** El director de la escuela destaca la gestión adecuada del tiempo por parte de maestros y alumnos.
- **Viviendas de los docentes:** El maestro vive en la escuela o cerca, en una casa de al menos dos habitaciones.
- **Prácticas de evaluación:** El maestro proporciona pruebas planificadas, notas y respuestas inmediatas.
- **Carga docente:** Existe cierta especialización temática en la escuela, por lo que los maestros no imparten más de dos asignaturas.
- **Métodos de enseñanza:** El maestro permite a los alumnos participar en las actividades de la clase de forma activa.
- **Experiencia del maestro:** Después de cinco años dando clase, el maestro asiste con regularidad a cursos de actualización.
- **Cualificación del maestro:** El maestro tiene una cualificación docente para 3.° o 5.° grado o es licenciado en educación.

Fuente: Acana 2006. Reproducido con autorización.

Es posible que los funcionarios del ministerio de educación tengan que proporcionar personal y recursos económicos (a) para determinar las implicaciones de los resultados de una evaluación para la preparación de los maestros y la práctica en la clase, (b) para comunicar los resultados de la evaluación a las escuelas, (c) para ayudar a las escuelas en la interpretación de los resultados y su relevancia, (d) para ayudar a las escuelas en la implementación de estrategias que aborden el bajo rendimiento de los estudiantes y (e) para garantizar la disponibilidad de apoyo continuo a las escuelas durante la implementación de estrategias.

El siguiente resumen de actividades —en caso de aplicarse— debería servir para aumentar la influencia de una evaluación nacional sobre la formación del profesorado y la práctica en la clase:

- Incluir a los formadores de docentes en el diseño y la implementación de la evaluación nacional.
- Reunir información pertinente sobre las prácticas en la clase mediante los cuestionarios administrados en la evaluación nacional.
- Identificar y comunicar las implicaciones de los resultados de la evaluación nacional para la formación inicial y continua del profesorado.
- Fomentar el uso de los resultados por parte de los formadores de docentes y los estudiantes de formación inicial.
- Preparar informes de los resultados de evaluación no técnicos y de fácil lectura para los maestros.
- Alentar a las escuelas a revisar la evaluación nacional y considerar sus implicaciones.
- Asesorar a los maestros para que consideren los factores escolares y no escolares que inciden en el rendimiento de los estudiantes.
- Alentar a las escuelas para que aumenten la participación de los padres en la educación de sus hijos.
- Alentar a las escuelas y los maestros para que lleven a cabo un número limitado de cambios posibles en la organización escolar y en sus métodos de enseñanza.
- Controlar y evaluar los efectos de los cambios que se realicen.

CAPÍTULO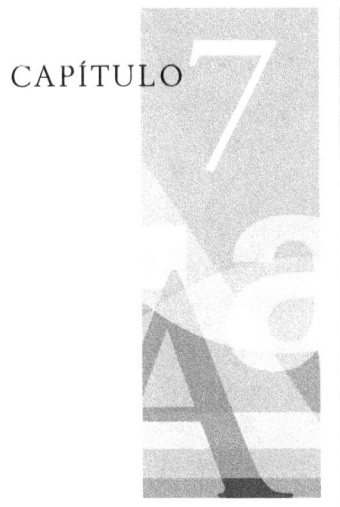

LOS RESULTADOS DE LA EVALUACIÓN NACIONAL Y EL CONOCIMIENTO PÚBLICO

La descripción del rendimiento en el sistema educativo puede contribuir a que los ciudadanos se interesen por los asuntos relacionados con la educación y a estimular el debate público a nivel nacional. Indudablemente, el público estaría sorprendido de saber, por ejemplo, que el rendimiento en comprensión lectora de una gran proporción de alumnos de quinto grado no llega a "competente". A pesar de que los políticos pueden beneficiarse mediante el control del flujo de este tipo de información, es probable que las ventajas a largo plazo de un sistema de información abierto sean mayores que sus desventajas a corto plazo. En el mejor de los casos, la información sobre el rendimiento de los alumnos puede contribuir al debate sobre la educación, lo que, a su vez, puede provocar un mayor apoyo del público a los esfuerzos para mejorar el sistema (Greaney y Kellaghan, 1996; Vegas y Petrow, 2008). En realidad, la publicación de los resultados de una evaluación nacional –aun aquellas basadas en una muestra– convierte a la operación en una de "altas consecuencias", puesto que se hace pública la información sobre la calidad de las escuelas, planteando de esa manera el tema de la responsabilidad (Chapman y Snyder, 2000).

La publicación o no de los resultados de una investigación (entre ellas, las evaluaciones nacionales) estará determinada por consideraciones políticas y por las prácticas institucionales y la cultura de las elites políticas (véase el capítulo 1). En algunas ocasiones, las autoridades ofrecen información sobre el rendimiento a nivel nacional (y regional) en general, pero no sobre el rendimiento según la escuela o los alumnos. En otras ocasiones, publican ambos tipos de información. Sin embargo, en otros casos, las autoridades han denegado el acceso a todo tipo de información. En algunos países, ese acceso puede obtenerse mediante los procedimientos de la libertad de información (véase el recuadro 7.1). Cuando no existe una legislación sobre la libertad de información, los gobiernos pueden considerar que el público no tiene derecho a conocer los resultados de las evaluaciones nacionales o internacionales. El gobierno de Fujimori en Perú decidió no hacer públicos los resultados de su primera evaluación nacional por razones políticas (Arregui y McLauchlan, 2005). Entre los países que han rechazado o demorado la publicación de los resultados nacionales obtenidos en evaluaciones internacionales se encuentran México (Ferrer y Arregui, 2003) y Rumania (Gilmore, 2005). Se han ofrecido diferentes razones para ocultar la información, entre ellas, el temor a que los resultados fueran utilizados para la comparación de escuelas en el caso de las evaluaciones censales, a que los padres no comprendan la información de la evaluación, y a que los resultados no fueran técnicamente adecuados (Ferrer, 2006).

La tradición y la existencia de acuerdos previos con grupos como los sindicatos de maestros pueden afectar la medida en que los resultados se hacen públicos. En Uruguay, por ejemplo, los sindicatos de maestros –que originalmente se oponían fuertemente al concepto de evaluación nacional–, tras algunas discusiones con el ministro de Educación, acordaron una serie de pasos a seguir luego de la

RECUADRO 7.1

Las leyes sobre la libertad de información

No todos los países cuentan con una legislación que reconozca el derecho del público a tener acceso a la información en poder del gobierno. De aproximadamente 195 países, solo 68 disponían de leyes sobre libertad de información en 2006.

Fuente: Banisar 2006.

> **RECUADRO 7.2**
>
> **Acuerdos sobre la divulgación de los resultados de las evaluaciones nacionales: Uruguay**
>
> En Uruguay, los sindicatos de maestros acordaron las siguientes medidas para permitir la divulgación de los resultados de las evaluaciones nacionales:
>
> - Los resultados de la evaluación nacional se hacen públicos en una reunión con inspectores de educación primaria.
> - Los medios pueden asistir a la reunión y recibir los resultados a nivel nacional.
> - Los resultados correspondientes a escuelas específicas no serán de público conocimiento y solo estarán disponibles para los inspectores y directores de escuela.
> - Los padres pueden solicitar los resultados sobre el nivel de la escuela al director del establecimiento.
> - No se permite la publicación de los resultados de la escuela.
> - Los resultados deben ser devueltos sin demora a las autoridades de la escuela (el tiempo habitual es 40 días luego de la administración).
> - Los maestros de aula no deben ser responsables del rendimiento de sus alumnos.
> - Los puntajes deben interpretarse a la luz de los factores socioculturales pertinentes.
>
> *Fuentes:* Benveniste 2000; Ravela 2005.

evaluación censal (recuadro 7.2) que no fomentaban el conocimiento público generalizado pero que proporcionaban la información necesaria para la capacitación de los maestros en servicio.

Es posible que se necesiten medidas especiales para atraer la atención pública cuando se trata de evaluaciones nacionales sobre muestras. Seguramente, este tipo de evaluaciones no atrae la misma atención de los medios que un estudio internacional que permite realizar observaciones sobre el rendimiento de un país en relación al de otros países, resumidas en títulos como "Suecia al nivel de los países en desarrollo" (Husén, 1987) y "Los alumnos de Sudáfrica se ubican últimos en matemáticas y ciencia" (Monare, 2006). Las evaluaciones nacionales censales también tienden a atraer más la atención de los medios que las evaluaciones basadas en muestras cuando se publica información (como ocurre habitualmente) sobre el rendimiento en escuelas específicas.

EJEMPLOS DEL USO DE LOS RESULTADOS DE LAS EVALUACIONES PARA INFORMAR A LOS CIUDADANOS

Los ministros de educación reconocen cada vez más la importancia de la divulgación de los resultados de las evaluaciones nacionales. Reconocen que los resultados de una evaluación pueden cumplir una función "esclarecedora", no solamente para los responsables de las políticas y de las tomas de decisiones (véase el capítulo 5) sino también para el público, pues les permitirá identificar los problemas en la educación y reflexionar sobre ellos. En América Latina, la información al público sobre los niveles de rendimiento de los alumnos ha llegado a considerarse una consecuencia importante de la evaluación nacional (Arregui y McLauchlan, 2005). En Argentina, mediante el uso de los resultados sobre el rendimiento de los alumnos, el gobierno nacional demostró al público que el sistema educativo estaba en crisis, una crisis que necesitó las amplias reformas contenidas en la ley federal (Benveniste, 2002).

En Chile, donde los resultados de la evaluación nacional se utilizan para crear redes de apoyo en la sociedad civil, la publicación anual de los resultados ha contribuido a que la educación forme parte de la agenda pública (Benveniste, 2002). Asimismo en Chile, la divulgación de la relación entre el nivel socioeconómico de los alumnos y sus rendimientos aumentó la demanda social de igualdad. Más concretamente, conformó la base de las políticas que se centran en las desigualdades del sistema educativo (Meckes y Carrasco, 2006).

En otras partes del mundo, los equipos de evaluación nacional hacen grandes esfuerzos para informar al público sobre las evaluaciones, y a veces proporcionan muchos detalles. En Inglaterra y en los Estados Unidos, por ejemplo, a pesar de que las estrategias de evaluación son completamente diferentes, se dispone de sitios web exhaustivos sobre los programas de evaluación. Los gobiernos de ambos países utilizan los sitios web para apoyar sus políticas de evaluación y para brindar información al público sobre la calidad de la educación. El sitio web basado en muestras para la Evaluación Nacional del Progreso Educativo en los Estados Unidos (http://nces.ed.gov/nationsreportcard) incluye información sobre evaluaciones nacionales actuales y pasadas, una sección destinada a los padres, detalles sobre las asignaturas evaluadas que incluyen el marco de la asignatura, el cronograma de la evaluación, e ítems de ejemplo (véase el recuadro 3.6). La guía para los padres proporciona información sobre el modo de selección de los alumnos para la evaluación y el tiempo que dura la prueba, y explica que no se publica información sobre alumnos y escuelas específicos. El sitio web para la evaluación censal en Inglaterra (http://www.direct.gov.uk/en/Parents/Schoolslearninganddevelopment/ExamsTestsAndTheCurriculum/) describe la evaluación de los maestros y las pruebas.

La implementación sistemática de evaluaciones nacionales, junto con la publicación regular de sus resultados, produce posiblemente un aumento de la conciencia pública (Meckes y Carrasco, 2006). Los comentarios de figuras destacadas sobre los resultados de la evaluación también tienden a aumentar el conocimiento público. En los Estados Unidos, luego de la publicación de los resultados de un Estudio Internacional de Tendencias en Matemáticas y Ciencias en alumnos de octavo grado, el Secretario de Educación observó: "No podemos esperar liderar el mundo en matemáticas y ciencias si los maestros de historia enseñan a nuestros alumnos de geometría y los maestros de educación física enseñan química" (Riley, 2000). Si bien los comentarios fueron posteriores a una evaluación internacional, estos se basan firmemente en observaciones sobre la escena nacional y bien podrían haber surgido de una evaluación nacional.

EL ROL DE LOS MEDIOS DE COMUNICACIÓN

Los medios de comunicación conforman una fuente de información importante para el público sobre las evaluaciones nacionales. En Alemania, los diarios cumplieron un rol fundamental al despertar el interés público y político luego del análisis del desempeño del país en el Programa para la Evaluación Internacional de Alumnos (PISA). A un mes de la publicación de los resultados del PISA 2000, los diarios alemanes habían dedicado aproximadamente 687 páginas al tema, una cifra muy superior a las registradas en otros países (OCDE y Proyecto INES, Red A, 2004). Si bien el área de interés fue internacional, los resultados se utilizaron para identificar las principales diferencias de logro inesperadas entre los 16 estados (*Länder*) del país, y dieron lugar al debate sobre el rol de la educación en las escuelas alemanas. Los resultados también fueron interpretados como prueba de la desigualdad social. La reacción pública y política tuvo como resultado una serie de reformas entre las cuales se incluyen la introducción de medidas y estándares comunes para todos los *Länder*, la preparación de un informe anual común sobre la educación en el país, y el aumento de la cantidad de horas de escolarización (Rubner, 2006).

Si bien los medios de comunicación cumplen un rol importante en la divulgación de los resultados, se pueden prever algunos problemas con respecto a la manera en que los publican. Algunos reporteros de evaluaciones nacionales (e internacionales) parecen estar más interesados en aquellos resultados que dan una imagen negativa del sistema educativo que en los que dan una imagen positiva. Otros buscan dar un tinte sensacionalista o distorsionar algunos aspectos de los resultados. Otro posible problema con los medios es que los estudios de baja calidad pueden despertar el mismo interés que aquellos de buena calidad. En consecuencia, suele tratarse con la misma seriedad a los estudios realizados en un par de escuelas (o hasta en una sola escuela) que a los realizados sobre muestras representativas de alumnos.

En algunos aspectos, la cobertura de los temas relacionados con la evaluación nacional en los medios de comunicación se ha vuelto más sofisticada con el tiempo. En lugar de mostrar porcentajes, es más frecuente que los resultados se publiquen en términos de nivel de competencia de los alumnos (por ejemplo, "adecuado", "competente", "superior"). Las tendencias de los resultados se publican si es pertinente y los resultados pueden clasificarse según la región, el género y el nivel socioeconómico.

LA FORMULACIÓN DE UNA ESTRATEGIA DE COMUNICACIÓN

Un procedimiento que garantice la mayor influencia posible de los resultados de la evaluación nacional requiere una estrategia de comunicación que implique varios pasos (véase el recuadro 7.3).

> **RECUADRO 7.3**
>
> **Procedimientos para optimizar el impacto de los resultados de la evaluación nacional**
>
> Seguir una estrategia de comunicación, como la que se expone a continuación, puede contribuir a optimizar el impacto de una evaluación nacional:
>
> - Llegar a un acuerdo sobre un número limitado de mensajes clave que serán anunciados de manera sistemática por los portavoces oficiales
> - Prever las preguntas y redactar respuestas estandarizadas.
> - Prever de qué manera los periodistas y los grupos de interés intentarán distorsionar los mensajes clave, y desarrollar estrategias para resolver este problema.
> - Idear mecanismos para monitorear la cobertura pública y privada de los resultados del estudio, para modificar el mensaje cuando sea conveniente, y para responder a su uso indebido en caso de que corresponda.
> - Formular estrategias para abordar las interpretaciones distorsionadas de los resultados.

Dado que los sistemas de evaluación nacional arrojan miles de resultados específicos, el primer paso en el desarrollo de una estrategia de comunicación puede parecer algo anómalo: reducir esos resultados a unos pocos mensajes clave que puedan enviarse de manera sistemática a todos los portavoces y que estén incorporados en todos los resúmenes, como los comunicados de prensa. Si se elabora y se ejecuta de manera adecuada, la estrategia de divulgación alertará a la audiencia de que existe información sobre la evaluación nacional y los alentará a continuar investigando. El objetivo de la estrategia es el manejo cuidadoso de las primeras impresiones sobre los resultados de la evaluación nacional.

Suponiendo que ya se haya despertado el interés en la población, el siguiente paso es asegurarse de que la audiencia reciba respuestas claras, no técnicas, a todos los interrogantes que puedan tener sobre el significado de resultados clave y a las preguntas periodísticas comunes: quién, qué, cuándo, dónde, por qué, cómo y cuánto. Las respuestas deben estar preparadas, su contenido técnico revisado, su claridad verificada por individuos no expertos, y deben ser practicadas por todos los portavoces oficiales antes de su lanzamiento.

Los equipos de estudios nacionales también necesitan prever de qué modo los periodistas y los grupos de interés intentarán distorsionar los mensajes clave para obtener sus propios beneficios. Los periodistas pueden intentar que los portavoces saquen conclusiones o brinden juicios de valor no corroborados sobre los resultados. Para anticiparse a esta situación, los portavoces oficiales deben realizar un entrenamiento sobre medios, si fuera posible, y participar en entrevistas simuladas con un colega que actúe como periodista "hostil".

Los mensajes clave deben redactarse de manera tal que los periodistas y los grupos de interés no puedan hacer declaraciones que no estén avaladas por los resultados. Si a un equipo de estudios nacionales se le pregunta sobre las declaraciones de un tercero para generar conflicto, la mejor manera de proceder es abstenerse de comentar sobre las interpretaciones de los resultados por parte de otros y aprovechar la ocasión para reiterar los mensajes clave. La única excepción será cuando las terceras partes, sean periodistas o grupos de interés, cometan errores de hecho. En tal caso, el equipo de estudios nacionales debe reaccionar de manera inmediata.

La reacción a las interpretaciones incorrectas presupone la existencia de un mecanismo que permita realizar un seguimiento de las respuestas al estudio. Los equipos de estudios nacionales deben, en realidad, desarrollar dos sistemas paralelos: uno para monitorear la cobertura pública del estudio y otro para monitorear la cobertura privada. La cobertura pública puede monitorearse de diversas maneras. En numerosos países, se puede contratar un servicio de recortes que busca menciones en los medios principales y ofrece un informe detallado. Una alternativa más económica es pedir a algunos miembros del equipo que realicen el seguimiento ellos mismos.

El monitoreo de la cobertura privada es más difícil, aunque generalmente más importante. Se logra mejor a través de la comunicación con algunos usuarios clave, telefónica o personalmente, para obtener respuestas sinceras. Confeccionar una lista de los problemas que surgen es de utilidad. Estas listas se organizan y discuten en intervalos regulares (con mucha frecuencia en el periodo posterior a la publicación de productos clave y con menos frecuencia luego). El objetivo de la revisión es decidir cómo modificar los mensajes clave y ocuparse de los errores de hecho de manera rápida y proactiva. Los encargados de la evaluación nacional deben designar a una persona para que se ocupe de esta actividad.

CONCLUSIÓN

Se reconoce generalmente que los resultados de una evaluación nacional pueden influir en la opinión pública, concientizar sobre los asuntos relacionados con la educación, y aumentar el apoyo a los esfuerzos por mejorar el sistema educativo. Sin embargo, por diversas razones, los países muestran diferencias en cuanto a los esfuerzos que realizan para comunicar al público los resultados de la evaluación. En primer lugar, la tradición de un país puede favorecer una visión más cerrada que abierta respecto de la divulgación pública de la información obtenida por un organismo gubernamental. En segundo lugar, una evaluación debe tener como objetivo principal brindar información a los encargados de la educación y a los docentes, no al público. Y en tercer lugar, la falta de divulgación puede reflejar simplemente una falta de interés, la ausencia de un plan de implementación, o una falla en la planificación del presupuesto para divulgación.

Aun cuando los resultados se divulguen, pueden no lograr su objetivo de informar a la opinión pública, ya sea porque los informes sean demasiado técnicos, estén colmados de resultados estadísticos, o sean complicados para el público. Cuando se distribuyen los resultados de la evaluación nacional a los medios, los redactores y los editores cumplen un rol fundamental a la hora de determinar los temas y los contenidos que se publicarán y, en definitiva, a la hora de determinar cómo el público y los responsables políticos interpretarán esos resultados (Stack, 2006). Un análisis de la cobertura periodística de la Evaluación Nacional del Progreso Educativo del periodo 1990-1998 sugiere que los periódicos tendían a (a) confiar mucho en la información publicada en el comunicado de prensa, (b) centrarse mucho en determinados puntos y no presentar una cobertura general de los temas, (c) presentar clasificaciones de los estados, (d) usar tablas y gráficos, (e) mostrar poco interés en

RECUADRO 7.4

Cubierta del documento de Evaluación nacional, Etiopía

LOS ASPECTOS MÁS DESTACADOS DE LA TERCERA EVALUACIÓN NACIONAL DEL APRENDIZAJE EN ETIOPÍA (ETNLA)

La Tercera evaluación nacional del aprendizaje en Etiopía (ETNLA por sus siglas en inglés) se realizó en el año académico 1999 según el calendario etíope (2006-2007) sobre alumnos de 4.° y 8.° grado en todas las regiones del país. Más de 500 escuelas y aproximadamente 23 000 alumnos y sus maestros participaron en el estudio. El presente documento presenta un panorama general sobre el objetivo, el diseño y los resultados principales del proyecto.

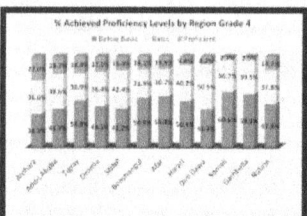

RESUMEN

Los objetivos principales de ambos estudios fueron brindar información acerca de los logros de aprendizaje de los alumnos de 4.° y 8.° grado e identificar los factores principales que influyen potencialmente en el rendimiento académico.

Para lograr estos objetivos, se utilizaron enfoques cuantitativos y cualitativos. El presente estudio utilizó instrumentos y procedimientos similares a los utilizados en la Segunda evaluación nacional del aprendizaje en Etiopía. En cuarto grado, participaron un total de 11 373 alumnos de 305 escuelas de todas las regiones. En octavo grado, participaron un total de 10 806 alumnos de 280 escuelas de todas las regiones. Con el propósito de generar datos sobre los factores determinantes en el rendimiento académico, se incluyeron 832 maestros y 305 directores de escuela para cuarto grado. Mientras que para octavo grado participaron 1242 maestros y 280 directores de escuela. En el estudio cualitativo, 312 alumnos, 311 maestros y 286 padres participaron en grupos de debate.

OBJETIVO DEL ESTUDIO

1. Determinar el rendimiento académico de los alumnos de 4.° grado en inglés, matemáticas, ciencias ambientales y comprensión lectora en la lengua materna;

2. Determinar el rendimiento académico de los alumnos de 8.° grado en inglés, matemáticas, biología, química y física;

3. Evaluar la actitud de los alumnos con relación a algunos de los factores afectivos del sistema educativo; y

4. Ofrecer a los responsables políticos y a otros interesados los resultados y las recomendaciones sobre el rendimiento académico de los alumnos de 4.° y 8.° grado en las asignaturas evaluadas.

Fuente: Ethiopia Education Quality Assurance and Examinations Agency 2007. Reproducido con permiso.

temas relacionados con la validez de las pruebas, y (f) tener dificultad para interpretar y comunicar conceptos relacionados con los niveles de comprensión lectora y algunos términos estadísticos (por ejemplo, la significancia estadística y los percentiles) (Hambleton y Meara, 2000). Dada la importancia de los responsables de la divulgación de los resultados de una evaluación nacional, es importante anticiparse a los problemas de los medios de comunicación. Deben prepararse comunicados de prensa bien enfocados y el personal de las evaluaciones debe estar disponible para las entrevistas. Para prevenir las interpretaciones demasiado simplistas, como aquellas que atribuyen el rendimiento a una sola variable (como el tamaño de la clase, la asistencia a una escuela privada, el tiempo dedicado a mirar televisión), el equipo de evaluación nacional debe explicar en detalle el alcance de los datos.

En el futuro, es probable que el acceso público a los resultados de las evaluaciones nacionales se optimice mediante ruedas de prensa, otras formas de presentación pública y la producción de videos y sitios web específicos. Existe una gran variedad de medios a los que puede recurrirse con este fin, entre ellos, periódicos nacionales y locales, debates parlamentarios, artículos de revista, folletos, programas de radio y programas de televisión (véase, por ejemplo, el recuadro 7.4). Las publicaciones de los docentes, los seminarios y las reuniones, como también los boletines, los folletos, los diarios y las conferencias, pueden servir a los intereses de grupos específicos, como los docentes.

CAPÍTULO 8

HACIA LA OPTIMIZACIÓN DEL USO Y EL VALOR DE LAS EVALUACIONES NACIONALES

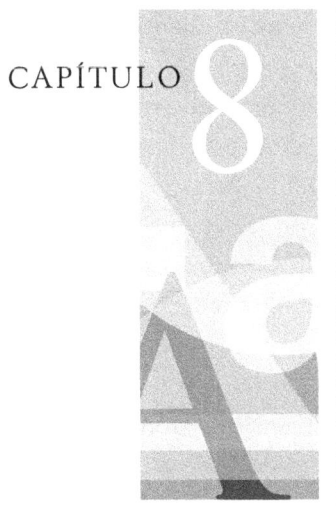

El examen realizado en este libro acerca de los usos de los resultados de una evaluación nacional muestra que en muchos países las evaluaciones han brindado información empírica sobre el grado en el que los sistemas educativos han tenido éxito en lograr su objetivo: promover el desarrollo de todos los estudiantes y proveer las bases de conocimiento y las competencias que necesitarán en su formación futura y en su evolución posterior. Al describir cómo se distribuye el logro académico en el sistema educativo, las evaluaciones nacionales también han suscitado preguntas sobre la medida en que los principios fundamentales relacionados con el acceso, la calidad, la eficiencia y la equidad gobiernan el funcionamiento del sistema, y lo han hecho aportando pruebas sobre el grado en que los niveles de desempeño generales son menores a los esperados, sobre el fracaso de muchos estudiantes para adquirir competencias básicas luego de varios años de educación y sobre las diferencias en cuanto a rendimiento académico asociadas con el género, el lugar de residencia y las circunstancias domésticas de los estudiantes. Además, el cambio de enfoque desde los aportes a los resultados al considerar la calidad de la educación es útil para atraer la atención no solo de la comunidad educativa, sino también de los políticos y el público, acerca de la importancia de asegurar que los estudiantes aprendan como resultado de su experiencia educativa.

A partir de una lectura de las evaluaciones nacionales en todo el mundo, una conclusión razonable sería que el nivel de logros que revelan las evaluaciones no se considera satisfactorio. Sin embargo, algunos países no toman medidas correctivas luego de las evaluaciones. En otros países, se han tomado algunas medidas, entre las que se incluyen el suministro de recursos y oportunidades de desarrollo profesional para los docentes. En algunos países se han fijado sanciones a los rendimientos estudiantiles, a pesar de las consecuencias poco deseables, aunque bienintencionadas, asociadas con la práctica. Idear una respuesta apropiada a los resultados de las evaluaciones nacionales continúa siendo un desafío de primer nivel para los responsables de las políticas y los gestores educativos de todo el mundo.

Dada la complejidad de los procedimientos (políticos y técnicos) que se requieren, la dificultad para responder apropiadamente a las conclusiones de las evaluaciones nacionales no sorprende. Se pueden sugerir medidas en varios niveles del sistema educativo: gestores educativos, administraciones centrales (regionales y locales), escuelas y educadores en las aulas. También se pueden identificar desafíos más específicos. En muchos países subsisten problemas sobre la calidad de los datos de las evaluaciones nacionales, y por consiguiente, el grado de fiabilidad que puede otorgarse a los resultados. Puede faltar voluntad política, capacidad, o ambos, para usar los resultados de las evaluaciones. Puede suceder que los resultados de las evaluaciones no se comuniquen a los interesados, e incluso si se comunican, puede que no influyan en la formulación de políticas o la toma de decisiones a escala global o en la práctica en las aulas a escala local. Algunos de estos problemas, aunque no todos, se pueden atribuir razonablemente a la falta de compromiso de los principales responsables políticos con el diseño de las evaluaciones, a la novedad de las evaluaciones nacionales, a la falta de las competencias técnicas que se requieren para ejecutar una evaluación (competencias que escasean en un gran número de países), y a la falta de capacidad en las escuelas para responder a los retos que suponen los resultados de las evaluaciones nacionales.

Este capítulo brinda una lista de tareas (que puede utilizarse como lista de verificación) que deben llevarse a cabo en una evaluación nacional para optimizar el empleo de los resultados. A continuación el capítulo describe nueve maneras en que las actividades de las evaluaciones nacionales futuras se pueden modificar o ampliar para describir el rendimiento de los estudiantes, lo que, a su vez, debería brindar una base más segura para la formulación de políticas y la toma de decisiones.

OPTIMIZACIÓN DEL USO DE LOS RESULTADOS DE LAS EVALUACIONES NACIONALES

La revisión en este libro de las experiencias de evaluaciones nacionales sugiere que, para optimizar los resultados, los responsables políticos y gestores de los ministerios de educación deben prestar especial atención a las siguientes tareas:

Misión

- Proporcionar claridad desde el comienzo sobre el propósito de una evaluación nacional, que consiste en obtener información sobre los resultados del sistema educativo representados en el rendimiento de los estudiantes, con vistas a lo siguiente:
  — Informar sobre las políticas y las prácticas
  — Mejorar la calidad del aprendizaje del estudiante, en particular el desarrollo de competencias cognitivas de mayor nivel (entre ellas razonamiento, capacidad para identificar y resolver problemas y capacidad de realizar tareas no rutinarias), teniendo en cuenta las necesidades de una economía basada en la información y competitiva a nivel mundial
  — Identificar los problemas del actual sistema educativo y las formas de abordarlos.

Contexto de uso

- Desarrollar la capacidad institucional para asimilar y utilizar la información que brinda una evaluación nacional.

- Integrar las evaluaciones nacionales en las estructuras, los procesos normativos y de toma de decisiones y los canales de asignación de recursos existentes.
- Crear consciencia acerca de que las evaluaciones nacionales proporcionan información que se puede utilizar para mejorar la calidad del aprendizaje de los estudiantes.

Ejecución de una evaluación nacional

- Asegurar la participación de los responsables de las políticas y la toma de decisiones y a otros interesados en el diseño de la evaluación nacional para asegurar que aborde sus preocupaciones.
- Cerciorarse de que los responsables de los aspectos técnicos de una evaluación nacional tengan las competencias relevantes relacionadas al desarrollo de instrumentos, el muestreo, el análisis y la redacción de informes.
- Asegurarse de que los responsables de la administración de una evaluación nacional en escuelas sigan los procedimientos correctos.

Descripción de los resultados

- Describir el rendimiento de los estudiantes con el detalle suficiente para satisfacer las necesidades de los usuarios potenciales, haciendo hincapié en el diagnóstico de problemas en el sistema educativo.
- Determinar factores asociados con niveles de rendimiento altos o bajos.

Comunicación de los resultados

- Brindar información sobre el rendimiento de los estudiantes a políticos, responsables de políticas y gestores educativos de manera oportuna y en una forma que les resulte inteligible, y que los motive a incorporar la información obtenida en una evaluación a su proceso de formulación de políticas y toma de decisiones.
- Elaborar distintos informes de las evaluaciones nacionales a medida de las necesidades de sus usuarios potenciales (autoridades

encargadas de elaborar los currículos; supervisores, inspectores y asesores; formadores de docentes; escritores de libros de texto; escuelas y docentes).
- Brindar información sobre la evaluación nacional a los medios de comunicación y al público.

Formulación de políticas y de programas o intervenciones

- Asegurar la participación de los interesados en el estudio de los resultados de la evaluación, estableciendo prioridades para la formulación de políticas y programas centrados el aprendizaje de los alumnos, y en la concepción de estrategias que reflejen esas políticas, teniendo en cuenta otra información relevante (por ejemplo, los resultados de estudios de investigación educativos y los juicios de inspectores, consejeros y supervisores escolares).
- En la formulación de políticas, tener en cuenta los valores, presiones y restricciones impuestos por los intereses creados y hacer uso de las estructuras existentes en el sistema educativo (por ejemplo, un mecanismo para los gestores para negociar con los grupos sindicales) a fin de lograr el consenso o el compromiso que conduzca a determinar las posibles intervenciones.

Implementación de políticas y de programas o intervenciones

- Establecer criterios para la selección de escuelas o grupos de población que necesitan apoyo especial basado en los resultados de las evaluaciones nacionales, y trabajar con las escuelas y comunidades participantes para desarrollar programas y estrategias para mejorar el aprendizaje de los estudiantes.
- Tener en cuenta las "mejores prácticas" a la hora de idear intervenciones (por ejemplo, la mejor práctica al ofrecer formación continua para docentes).
- Designar a los agentes encargados de implementar los programas o las intervenciones ideadas tras la evaluación nacional, y describir sus tareas (por ejemplo, inspectores, asesores de formación continua, directores de escuelas).

- Brindar apoyo continuo al personal involucrado en el desarrollo y la implementación de estrategias diseñadas para abordar los problemas identificados en la evaluación.

Monitoreo de los efectos

- Monitorear los cambios en las políticas y las intervenciones para determinar si han afectado el aprendizaje del estudiante.

DESARROLLAR EVALUACIONES NACIONALES PARA INCREMENTAR SU VALOR

Esta sección describe nueve maneras en que las actividades de las evaluaciones nacionales pueden modificarse o mejorarse para incrementar su valor para sus usuarios.

Información más detallada sobre el rendimiento

Como se indicó en el capítulo 1, uno de los propósitos de la evaluación nacional es brindar información sobre las fortalezas y debilidades particulares de los conocimientos y habilidades de los estudiantes; sin embargo, el número de ítems en las pruebas utilizadas en muchas evaluaciones nacionales es demasiado pequeño como para permitir la estimación del rendimiento en áreas académicas específicas. Para incrementar el número de ítems de los que una evaluación obtendrá información sin sobrecargar a los estudiantes, muchas evaluaciones nacionales (e internacionales) utilizan un diseño de cuadernillo rotado (Beaton, 1994). Hay disponibles varios diseños, pero las características principales de cada uno son (a) que la prueba que toma cada estudiante incluye solo una porción de todos los ítems utilizados en la evaluación y (b) que la inclusión de ítems comunes en todos los cuadernillos permite que el rendimiento de los estudiantes en cada prueba pueda vincularse con una escala común.

Los administradores de evaluaciones nacionales, especialmente durante los primeros años de administración de la evaluación, quizá prefieran que todos los estudiantes respondan a un mismo cuadernillo de prueba y pueden ser renuentes a utilizar el diseño de cuadernillos rotados debido a las complejidades intrínsecas de la preparación y administración de instrumentos de evaluación y la realización de análisis. Sin embargo, en aras de brindar información más detallada sobre el rendimiento, es algo a lo que deberían tender a medida que ganen experiencia.

Información sobre las características de los estudiantes asociada con el rendimiento estudiantil

Algunas evaluaciones nacionales (e internacionales) han recogido información sobre características de los estudiantes asociadas con su rendimiento académico en las áreas curriculares. Por ejemplo, se recopiló información en la evaluación nacional de Chile sobre la autoestima de los estudiantes, sus actitudes con respecto a la escuela y el aprendizaje, así como sus relaciones sociales y sus relaciones con los compañeros. Sin embargo, la información no se consideró demasiado útil y la práctica se suspendió (Himmel, 1996).

El capítulo 1 hizo referencia a la dificultad de obtener estimaciones confiables de dichas variables, así como de los problemas para establecer la dirección de causalidad entre las mismas y las medidas de rendimiento académico. Aun así, estudios recientes han tenido éxito a la hora de identificar las variables que intervienen en la evaluación de las estrategias de aprendizaje de los estudiantes (por ejemplo, autorregulación, confianza en uno mismo, compromiso y motivación) (véase Artelt y otros, 2003; Postlethwaite, 2004a), y que se encontraron significativamente vinculadas al rendimiento estudiantil en las áreas académicas. Estas variables merecen mayor atención en las evaluaciones nacionales que aspiran a identificar los correlatos importantes del aprendizaje.

Información sobre las condiciones de aprendizaje en las aulas

La mayoría de las evaluaciones nacionales recopila información sobre el contexto de las experiencias escolares y extraescolares de los estudiantes. En algunos casos, se recopila información de importancia dudosa; en otros, los análisis no aprovechan completamente la información. En la mayoría de los casos, los aspectos más significativos de la experiencia de los estudiantes para el aprendizaje escolar quedan sin exponer.

El efecto de una evaluación nacional mejoraría si se pusiera mayor cuidado en el diseño de los cuestionarios de contexto: por ejemplo, si se establecieran las necesidades de los usuarios potenciales de la información y, en particular, si se prestara más atención a obtener la información durante las prácticas de clase (véase los cuestionarios de docentes en el CD adjunto a Anderson y Morgan 2008, volumen 2 de esta serie). Hasta ahora, por ejemplo, las medidas de cobertura de contenido en educación (la oportunidad de aprender), que han contribuido a la explicación del rendimiento estudiantil en los estudios internacionales, no han recibido mucha atención en las evaluaciones nacionales.

Identificación de escuelas para la intervención posterior a la evaluación nacional

El problema de determinar qué escuelas son de bajo rendimiento en base a una evaluación nacional basada en una muestra ha generado que los responsables políticos de algunos países hayan optado por las evaluaciones censales. El asunto tiene especial relevancia en los países en que la evaluación nacional se introdujo para brindar información sobre el aprendizaje estudiantil luego de la abolición de exámenes oficiales al final de la enseñanza primaria. La expansión de la evaluación nacional para incluir a todas (o a la mayoría) de las escuelas y los estudiantes efectivamente incluiría asignar a la evaluación algunas de las funciones de un examen oficial. Antes de ir por ese camino, los funcionarios ministeriales deberían considerar seriamente las complejidades y los costos adicionales que implica una evaluación censal y, en particular, los efectos previsibles si se asociara sanciones al rendimiento de la escuela, los docentes o los estudiantes. Los funcionarios también deberían considerar alternativas, entre ellas el desarrollo de las capacidades del personal educativo (especialmente inspectores, consejeros o supervisores) para identificar a las escuelas con necesidad de asistencia. Posiblemente se requerirían procedimientos más formales que los que se utilizan actualmente en muchos países, entre ellos, por ejemplo, la examinación de los estudiantes (utilizando pruebas estandarizadas en lo posible) por parte de los docentes y el uso de escalas de puntuación estandarizadas por parte del personal de supervisión.

Análisis secundarios

Los informes iniciales de una evaluación nacional se prepararán bajo apremio de tiempo. Además, para ser inteligibles para los clientes, los modelos y los métodos de análisis deben ser menos complejos que los que se utilizan en investigaciones más básicas. Cualquiera sea el motivo, es poco probable que se aproveche completamente la riqueza de información que puede brindar una evaluación nacional. Claramente, en esta situación, facilitar la disponibilidad de la información para análisis posteriores posee muchas ventajas potenciales (véase el capítulo 3). Idealmente, deben preverse análisis secundarios -en el diseño de una evaluación.

Uso de un diseño de recopilación de información longitudinal en la evaluación nacional

En muchas evaluaciones nacionales, los datos de contexto (por ejemplo, sobre los estudiantes, sus escuelas y sus hogares y comunidades) se recopilan al mismo tiempo que la información sobre el rendimiento estudiantil. Este enfoque tiene dos desventajas. En primer lugar, es difícil extraer inferencias sobre relaciones causales de análisis en los que la información sobre rendimiento está relacionada a información de contexto. En segundo lugar, el impacto "neto" de las experiencias educativas de los estudiantes, que representan resultados directamente atribuibles a esas experiencias, no se pueden distinguir del impacto "bruto", que refleja, sumado al impacto del impacto neto, otras influencias sobre el rendimiento estudiantil (por ejemplo, el legado genético de los estudiantes, su rendimiento al ingresar a la escuela y el apoyo y la asistencia recibidos en el hogar y la comunidad). Estos problemas se pueden abordar (al menos hasta cierto grado) si la información sobre los estudiantes se recopila en más de una ocasión en el tiempo (datos longitudinales). Las características de los estudiantes individuales que se evaluaron en un punto temprano en el tiempo, incluso los logros anteriores de los estudiantes y la información sobre el contexto, se tienen en cuenta al estimar sus logros en un punto posterior en el tiempo para determinar el "valor" que las experiencias particulares de los estudiantes en la escuela "sumó" a su progreso (Linn, 2005b).

En las evaluaciones nacionales en el África francófona (*Programme d'Analyse des Systèmes Educatifs de CONFEMEN* [Conferencia de Ministros de Educación de los Estados y Gobiernos Francófonos], o PASEC [Programa de análisis de los sistemas educativos de la CONFEMEN]), los alumnos fueron evaluados al comienzo y al final del año académico para obtener un estimado del crecimiento en su rendimiento. Su crecimiento se relacionó luego a factores que operaban en la escuela (capacitación de los educadores, tamaño de la clase, disponibilidad de los libros de texto) y fuera de la escuela (educación de los padres, distancia que el alumno tiene que recorrer hasta la escuela, idioma del hogar) (Kulpoo y Coustère, 1999; Michaelowa, 2001; véase también Greaney y Kellaghan, 2008: apéndice C.2). Una característica posterior de los estudios PASEC fue la identificación de temas de interés nacional (por ejemplo, las políticas de empleo de docentes existentes) y un intento de evaluar el efecto de acuerdos alternativos, también utilizando datos longitudinales. Se ha identificado una serie de problemas ligados a la utilización de estudios de "valor agregado", como información incompleta referente a los estudiantes debido a deserción escolar, traslado a otras escuelas o absentismo, regresión a la media en el análisis estadístico y poca fiabilidad de las medidas cuando el número de estudiantes de una escuela es pequeño.

Estudios de seguimiento de caso

Algunos estudios de seguimiento han examinado los factores asociados con el rendimiento alto (o bajo) en un esfuerzo por fortalecer las bases de las que extraer inferencias causales de la información de las evaluaciones nacionales. En los Estados Unidos, por ejemplo, El Panel de Objetivos de Educación Nacional (National Education Goals Panel) llevó a cabo un análisis de uno de los estados con mayor puntaje (Connecticut) para identificar las políticas y las prácticas educativas que pueden haber contribuido a los altos puntajes en lectura. El rendimiento del estado se atribuyó a tres políticas: (a) el suministro de información detallada sobre el rendimiento de los estudiantes a un abanico amplio de interesados (distritos, escuelas, educadores, padres); (b) el monitoreo del rendimiento estudiantil a lo largo del tiempo; y (c) el suministro de recursos adicionales a los distritos más necesitados (por ejemplo, desarrollo profesional para los docentes; apoyo y evaluación de los docentes principiantes) (Baron, 1999).

Se obtuvo más información tras una evaluación nacional de matemáticas (que incluyó ítems del Segundo Estudio Internacional de Matemáticas de la Asociación Internacional para la Evaluación del Rendimiento Académico) de alumnos de 13 y 17 años en la República Dominicana a la vista de una gran preocupación sobre el bajo rendimiento de los estudiantes. En este caso, se llevó a cabo un estudio que incluyó observaciones en el aula y entrevistas con los docentes sobre la enseñanza de matemáticas en una muestra de aulas de 8.º grado para identificar los procedimientos de instrucción y aprendizaje. Los problemas identificados se abordaron mediante (a) el establecimiento de un centro de desarrollo de currículo para preparar materiales que respaldasen la enseñanza de matemáticas y (b) la provisión de programas de formación continua para los docentes (Luna, 1992).

Se aconseja cautela a la hora de interpretar el desempeño de las unidades con niveles elevados de rendimiento estudiantil, especialmente si la unidad es una escuela con un número pequeño de estudiantes. Como es previsible que cualquier grupo pequeño exhiba grandes oscilaciones en los puntajes de las pruebas de un año a otro en relación a la distribución de diferencias entre escuelas, cualquier "razón" propuesta por una escuela para explicar un rendimiento superior bien podría ser falsa (Kane y Staiger, 2002).

Seguimiento de estudios experimentales o cuasi experimentales

Los experimentos, que implican la manipulación y el control de variables, proporcionan la base más sólida para extraer inferencias sobre relaciones de causa-efecto. Su utilización implicaría el diseño de un estudio para probar hipótesis sobre las mejoras de los estudiantes a partir de la implementación de una estrategia impulsada por los resultados de una evaluación nacional (por ejemplo, brindar recursos adicionales a una escuela) en un número de escuelas o zonas (el *grupo de tratamiento*). Luego de un periodo establecido, el efecto de la estrategia se evaluaría mediante la comparación del desempeño del grupo de tratamiento sobre la medida del rendimiento con la de un *grupo de control* (esto es, un grupo de escuelas o zonas que no hayan recibido recursos adicionales pero que sean similares a las escuelas o zonas del grupo de tratamiento). La mejor manera de asegurar la compatibilidad entre un grupo de tratamiento y un grupo de control es asignar participantes a los grupos de manera aleatoria. Debido a las dificultades prácticas que implica lo anterior en las condiciones de la vida real, se utiliza frecuentemente un diseño cuasi experimental que no implica evaluaciones aleatorias. En este caso, se selecciona un grupo de comparación que sea lo más parecido posible al grupo de tratamiento (en particular, deben realizarse esfuerzos para reducir la posibilidad de sesgos en la selección); la información sobre las variables de interés se obtiene antes y después del tratamiento; y la covarianza del análisis de regresión se puede utilizar para ajustar las medidas postratamiento, siempre y cuando las diferencias iniciales no sean grandes.

Se han realizado unos pocos estudios aleatorizados en países en vías de desarrollo (India, Kenia, Nicaragua), aunque no en el contexto de una evaluación nacional. En estos estudios, se implementó un tratamiento (por ejemplo, proporcionar cuadernos de ejercicios y enseñanza por radio, libros de texto o un programa correctivo) en escuelas seleccionadas aleatoriamente, y su efecto se estimó en base a una comparación de los logros de los estudiantes en estas escuelas con los logros de los estudiantes en escuelas similares que no recibieron el tratamiento (Glewwe y Kremer, 2006).

Los experimentos o cuasi experimentos no se han utilizado en el contexto de una evaluación nacional, según el conocimiento de los autores. Al menos en parte, su ausencia puede deberse a la dificultad de la implementación y el seguimiento. Un problema más serio desde el punto de vista de los responsables de las políticas o las decisiones puede ser el costo y el tiempo que se necesita para llevar a cabo un estudio. Se puede argumentar, sin embargo, que los costos de los experimentos son bajos en comparación con los costos de políticas que no funcionan o que podrían haber sido significativamente más efectivas si se hubiese dispuesto de la información que puede obtenerse de un experimento o un cuasi experimento (véase Postlethwaite, 1975).

Sin embargo, el planeamiento, la implementación y el análisis que se requiere en los estudios experimentales o cuasi experimentales puede estar más allá de la capacidad de muchos de los organismos que llevan a cabo las evaluaciones nacionales. En ese caso, dichos estudios se asignarán a un organismo de investigación más especializado.

Evaluación de los niños excluidos del sistema educativo

Debido a que las evaluaciones nacionales están limitadas a los niños integrados en el sistema educativo, estas no generan información sobre las necesidades cuantitativas no satisfechas respecto del acceso al sistema, excepto de un modo muy limitado (por ejemplo, al brindar información relacionada a la distancia entre la escuela y el hogar de los estudiantes). En muchos países en vías de desarrollo, sin embargo, grandes cantidades de niños en edad escolar no asisten a la escuela o lo hacen solo durante un corto periodo de tiempo. Dado el compromiso de estos países con la educación primaria universal, sería de gran valor conocer algo sobre el rendimiento de estos niños, sobre las barreras al acceso que pueden enfrentar, sobre el uso de recursos alternativos (por ejemplo, educación no formal) y sobre sus necesidades no satisfechas. Por supuesto, obtener esta información demandaría métodos de muestreo y evaluación diferentes de los que se usan actualmente en las evaluaciones nacionales basadas en escuelas. La India brinda un ejemplo de un estudio en el que se evalúan niños entre los 6 y los 16 años (en lectura, matemáticas e inglés) en sus hogares (http://www.asercentre.org). Existen otros modelos que brindan información sobre los niños que no asisten a la escuela en estudios ad hoc (véase, por ejemplo, Greaney, Khandker y Alam, 1999) y en el contexto de encuestas domiciliarias.

CONCLUSIÓN

A medida que las actividades de evaluación nacional se establecen con mayor firmeza en los sistemas educativos, es razonable esperar que se expanda el uso de sus resultados. Se pueden identificar dos categorías de condiciones que, si se cumplen, pueden ayudar a concretar esta expansión. En primer lugar, (a) desarrollar competencias técnicas y estrategias de comunicación por parte de los responsables de las evaluaciones nacionales, (b) mejorar la capacidad de los responsables de las políticas y las decisiones para abordar las deficiencias identificadas, y (c) incluir a gran diversidad de interesados que contribuyan al establecimiento de un entorno más favorable para la utilización de los resultados. En segundo lugar, debe considerarse si el tipo de información que brindan actualmente las evaluaciones nacionales satisface las necesidades de los usuarios, si los procedimientos deben modificarse, o si se requieren estudios complementarios para brindar orientación a los responsables de las políticas y las decisiones. Cumplir con estas condiciones puede requerir mayor financiamiento y compromiso. Aun así, los gastos adicionales no serían mayores en el contexto del costo de la realización de una evaluación nacional, y posiblemente sumarían un valor considerable a la actividad.

REFERENCIAS

Acana, S. 2006. "Reporting Results of National Assessment: Uganda Experience." Documento presentado en la 32.ª Conferencia Anual de la Asociación Internacional para la Evaluación Educativa, Singapur, 22 al 26 de mayo.

———. 2008. "Using Assessment Results to Improve Learning: A Message to Headteachers." Documento presentado en la 34.ª Conferencia Anual de la Asociación Internacional para la Evaluación Educativa, Cambridge, Reino Unido, 7 al 12 de septiembre.

Agencia de Aseguramiento de la Calidad y Evaluaciones Educativas de Etiopía. 2007. *Highlights of the Findings: Ethiopian Third National Learning Assessment*. Adís Abeba: Agencia de Aseguramiento de la Calidad y Evaluaciones Educativas de Etiopía.

Aguerrondo, I. 1992. "La innovación educativa en América Latina: balance de cuatro décadas". *Prospects* 22 (3): 353–65.

Ainley, J., J. Fraillon, y C. Freeman. 2007. *National Assessment Program: ICT Literacy Years 6 and 10 Report, 2005*. Carlton South, Victoria, Australia: Consejo Ministerial sobre Educación, Empleo, Capacitación y Juventud. http://www.mceetya.edu.au/verve/_resources/NAP_ICTL_2005_Years_6_and_10_Report.pdf.

Altinok, N. 2008. "An International Perspective on Trends in the Quality of Learning Achievement (1965–2007)." Trabajo de respaldo preparado para

Superar la desigualdad: por qué es importante la gobernanza. Informe de seguimiento de la EPT en el mundo 2009, Organización de las Naciones Unidas para la Educación, la Ciencia y la Cultura, París. http://unesdoc.unesco.org/images/0017/001780/178009e.pdf.

Amrein, A. L., y D. C. Berliner. 2002. "High-Stakes Testing, Uncertainty, and Student Learning." *Education Policy Analysis Archives* 10 (18). http://epaa.asu.edu/epaa/v10n18/.

Anderson, P., y G. Morgan. 2008. *Developing Tests and Questionnaires for a National Assessment of Achievement*. Washington, DC: Banco Mundial.

Anderson, S. E. 2002. "The Double Mirrors of School Improvement: The Aga Khan Foundation in East Africa." En *Improving Schools through Teacher Development: Case Studies of the Aga Khan Foundation Projects in East Africa*, ed. S. E. Anderson, 1–20. Lisse, Holanda: Swets & Zetlinger.

Arregui, P., y C. McLauchlan. 2005. "Uso de los resultados de evaluaciones educativas a gran escala en América Latina". Documento preparado para la Asociación para la Revitalización Educativa en las Américas y el Instituto del Banco Mundial, Washington, DC.

Artelt, C., J. Baumert, N. Julius-McElvany, y J. Peschar. 2003. *Learners for Life: Student Approaches to Learning—Results from PISA 2000*. París: Organización para la Cooperación y el Desarrollo Económicos.

Banisar, D. 2006. *Freedom of Information around the World 2006: A Global Survey of Access to Government Records Laws*. Londres: Privacy International. http://www.freedominfo.org/documents/global_survey2006.pdf.

Banco Mundial. 2004. *Vietnam Reading and Mathematics Assessment Study*. 3 vols. Washington, DC: Banco Mundial.

Baron, J. B. 1999. "Exploring High and Improving Achievement in Connecticut." Documento 1233, Panel Nacional de Metas Educativas, Washington, DC. http://govinfo.library.unt.edu/negp/issues/publication/othpress/body.pdf.

Báthory, Z. 1992. "Hungarian Experiences in International Student Achievement Surveys." *Prospects* 22 (4): 434–40.

Beaton, A. E. 1994. "Item Sampling in Testing." En *Enciclopedia internacional de educación*, 2.ª ed., ed. T. Husén y T. N. Postlethwaite, 3055–61. Oxford, Reino Unido: Pergamon.

Beaton, A. E., y N. L. Allen. 1992. "Interpreting Scales through Scale Anchoring." *Journal of Educational Statistics* 17 (2): 191–204.

Beaton, A. E., y E. G. Johnson. 1992. "Overview of the Scaling Methodology Used in the National Assessment." *Journal of Educational Measurement* 29 (2): 163–75.

Benveniste, L. 2000. "Student Assessment as a Political Construction: The Case of Uruguay." *Education Policy Analysis Archives* 8 (32). http://epaa.asu.edu/epaa/v8n32.html.

———. 2002. "The Political Structuration of Assessment: Negotiating State Power and Legitimacy." *Comparative Education Review* 46 (1): 89–118.

Bernard, J. M., y K. Michaelowa. 2006. "How Can Countries Use Cross-National Research Results to Address 'the Big Policy Issues'?" En *Estudios internacionales sobre la calidad de la educación: La planificación de su diseño y la gestión de su impacto*, ed. K. N. Ross y I. J. Genevois, 229–40. París: Instituto Internacional de Planeamiento de la Educación.

Bethell, G., y R. Mihail. 2005. "Assessment and Examinations in Romania." *Assessment in Education* 12 (1): 77–96.

Consejo de Evaluaciones de Bután. 2004. *National Educational Assessment in Bhutan: A Benchmark of Student Achievement in Literacy at Class 5, 2003*. Thinphu: Ministerio de Educación.

Binkley, M., y K. Rust, eds. 1994. *Reading Literacy in the United States: Technical Report of the U.S. Component of the IEA Reading Literacy Study*. Washington, DC: Oficina de investigación y mejora educativa, Departamento de Educación de EE. UU.

Blalock, A. B. 1999. "Evaluation Research and the Performance Management Movement." *Evaluation* 5 (2): 117–49.

Bonnet, G. 2007. "What Do Recent Evaluations Tell Us about the State of Teachers in Sub-Saharan Africa." Trabajo de respaldo para *Educación para todos: ¿alcanzaremos la meta? Informe de seguimiento de la EPT en el mundo 2008*, Organización de las Naciones Unidas para la Educación, la Ciencia y la Cultura, París. http://unesdoc.unesco.org/images/0015/001555/155511e.pdf.

Braun, H. 2004. "Reconsidering the Impact of High-Stakes Testing." *Education Policy Analysis Archives* 12 (1). http://epaa.asu.edu/epaa/v2n1/.

Braun, H., A. Kanjee, E. Bettinger, y M. Kremer. 2006. *Improving Education through Assessment, Innovation, and Evaluation*. Cambridge, MA: Academia Americana de Artes y Ciencias.

Brophy, J. E., y T. L. Good. 1986. "Teacher Behavior and Student Achievement." En *Third Handbook of Research on Teaching*, ed. M. Wittrock, 328–75. Nueva York: Macmillan.

Campbell, J., D. L. Kelly, I. V. S. Mullis, M. O. Martin, y M. Sainsbury. 2001. *Marcos teóricos y especificaciones de evaluación de PIRLS 2001.* 2.ª ed. Chestnut Hill, MA: Boston College.

Campbell, J., L. Kyriakides, D. Muijs, y W. Robinson. 2004. *Assessing Teacher Effectiveness: Developing a Differentiated Model.* Londres: Routledge Falmer.

Carroll, D. 1996. "The Grade 3 and 5 Assessment in Egypt." En *National Assessments: Testing the System*, ed. P. Murphy, V. Greaney, M. E. Lockheed, y C. Rojas, 157–65. Washington, DC: Banco Mundial.

Centro de Servicios Educativos y del Desarrollo de Nepal. 1999. *Evaluación Nacional de Estudiantes Grado 5.* Katmandú: Centro de Servicios Educativos y del Desarrollo de Nepal.

Centro Nacional de Estadísticas Educativas de EE. UU. 2005. *National Assessment of Educational Progress (NAEP), Selected Years, 1971–2004: Long-Term Trend Reading Assessments.* Washington, DC: Centro Nacional de Estadísticas Educativas de EE. UU.

———. 2006a. "The NAEP Mathematics Achievement Levels by Grade." Centro Nacional de Estadísticas Educativas de EE. UU., Washington, DC. http://nces.ed.gov/nationsreportcard/mathematics/achieveall.asp.

———. 2006b. *National Indian Education Study, Part 1: The Performance of American Indian and Alaska Native Fourth- and Eighth-Grade Students on NAEP 2005 Reading and Mathematics Assessment—Statistical Analysis Report.* Washington, DC: Centro Nacional de Estadísticas Educativas de EE. UU. http://www.xmission.com/~amauta/pdf/ienationarep.pdf.

———. 2007. *The Nation's Report Card: Reading—2007 State Snapshot Report.* Washington, DC: Centro Nacional de Estadísticas Educativas de EE. UU. http://nces.ed.gov/nationsreportcard/pubs/stt2007/200774978.asp.

———. 2008. "The Nation's Report Card." Centro Nacional de Estadísticas Educativas de EE. UU., Washington, DC. http://nces.ed.gov/nationsreportcard/sitemap.asp.

Centro Nacional de Investigación y Evaluación Educativa de Sri Lanka. 2004. *Achievement after Four Years of Schooling.* Colombo: Centro Nacional de Investigación y Evaluación Educativa.

Chabbott, C., y E. J. Elliott, eds. 2003. *Understanding Others, Educating Ourselves: Getting More from International Comparative Studies in Education.* Washington, DC: National Academies Press.

Chapman, D. W., y C. W. Snyder. 2000. "Can High Stakes National Testing Improve Instruction? Reexamining Conventional Wisdom." *International Journal of Educational Development* 20 (6): 457–74.

Cheng, K., y H. Yip. 2006. *Facing the Knowledge Society: Reforming Secondary Education in Hong Kong and Shanghai*. Washington, DC: Banco Mundial.

Clegg, S. R., y T. F. Clarke. 2001. "Intelligence: Organizational." En *International Encyclopedia of the Social and Behavioral Sciences*, vol. 11, ed. N. J. Smelser y P. B. Baltes, 7665–70. Amsterdam: Elsevier.

Clotfelter, C. T., y H. L. Ladd. 1996. "Recognizing and Rewarding Success in Public Schools." En *Holding Schools Accountable: Performance Based Reform in Education*, ed. H. F. Ladd, 23–63. Washington, DC: Brookings Institution.

DataAngel Policy Research. 2007. *A Tool for Understanding Performance in Science Instruction in Qatar*. Doha: Consejo Supremo de Educación.

Davies, I. C. 1999. "Evaluation and Performance Management in Government." *Evaluation* 5 (2): 150–59.

de Vise, D. 2005. "State Gains Not Echoed in Federal Testing: Results Fuel Criticism of Md., Va. Education." *Washington Post*, 24 de octubre, B01.

Departamento de Educación de Georgia, n.d. "Standards, Instruction, and Assessment." Departamento de Educación de Georgia, Atlanta. http://www.doe.k12.ga.us/ci_testing.aspx? Page Req = C1_TESTING_NAEP.

Dirección Nacional de Evaluaciones de Uganda. n.d. Evaluación Nacional del Progreso Educativo. Póster, Dirección Nacional de Evaluaciones de Uganda, Kampala.

Duthilleul, Y., y R. Allen. 2005. "Which Teachers Make a Difference? Implications for Policy Makers in SACMEQ Countries." Documento presentado en la Conferencia de Investigación sobre Políticas Educativas, Instituto Internacional de Planificación Educativa, París, 28 al 30 de septiembre.

Eivers, E., G. Shiel, R. Perkins, y J. Cosgrove. 2005a. *Succeeding in Reading? Reading Standards in Irish Primary Schools*. Dublín: Departamento de Educación y Ciencias.

———. 2005b. *Evaluación nacional de comprensión lectora en inglés, 2004*. Dublín: Centro de Investigación Educativa

Elley, W. B. 1992. *How in the World Do Students Read? IEA Study of Reading Literacy*. La Haya (Países Bajos): Asociación Internacional para la Evaluación del Logro Educativo.

Elmore, R., y D. Burney. 1999. "Investing in Teacher Training." En *Teaching as the Learning Profession*, ed. L. Darling-Hammond y G. Sykes, 236–91. San Francisco, CA: Jossey-Bass.

Ferrer, G. 2006. *Sistemas de Evaluación de Aprendizajes en América Latina: Balance y Desafíos*. Washington, DC: Asociación para la Revitalización Educativa en las Américas.

Ferrer, G., y P. Arregui. 2003. "Las pruebas internacionales de aprendizaje en América Latina y su impacto en la calidad de la educación: Criterio para guiar futuras aplicaciones." Documento de Trabajo 26, Asociación para la Revitalización Educativa en las Américas, Santiago.

Finn, J. D., y C. M. Achilles. 1990. "Tennessee's Class Size Study: Findings, Implications, Misconceptions." *Educational Evaluation and Policy Analysis* 21 (2): 97–110.

Forster, M. 2001. *A Policy Maker's Guide to Systemwide Assessment Programs*. Camberwell, Victoria: ACER Press.

Frederiksen, J., y A. Collins. 1989. "A Systems Approach to Educational Testing." *Educational Researcher* 18 (9): 27–32.

Fullan, M. 2001. *The New Meaning of Educational Change*. Nueva York: Teachers College Press.

Fuller, B. 1987. "What School Factors Raise Achievement in the Third World?" *Review of Educational Research* 57 (3): 255–92.

Garet, M. S., A. C. Porter, L. Desimone, B. F. Birman, y K. S. Yoon. 2001. "What Makes Professional Development Effective? Results from a National Sample of Teachers." *American Educational Research Journal* 38 (4): 915–45.

Gebrekidan, Z. 2006. "Ethiopian Second National Learning Assessment." Ponencia presentada en el Taller Nacional de Mejora de Capacidades de Evaluación, Uso de resultados de evaluaciones nacionales, Kampala, 30 de enero al 2 de febrero.

Gilmore, A. 2005. "The Impact of PIRLS (2001) and TIMSS (2003) in Low and Middle-Income Countries: An Evaluation of the Value of World Bank Support for International Surveys of Reading Literacy (PIRLS) and Mathematics and Science (TIMSS)." Asociación Internacional para la Evaluación del Logro Educativo, Amsterdam. http://www.iea.nl/fileadmin/user_upload/docs/WB_report.pdf.

Glewwe, P., y M. Kremer. 2006. "Schools, Teachers, and Education Outcomes in Developing Countries." En *Handbook of the Economics of Education*, vol. 2, ed. E. A. Hanushek y F. Welch, 945–1017. Amsterdam: Elsevier.

Goldstein, H. 1983. "Measuring Changes in Educational Attainment over Time: Problems and Possibilities." *Journal of Educational Measurement* 20 (4): 369–77.

González, E. J. 2002. *Sistemas de Evaluación en América Latina*. Brasilia: Instituto Nacional de Estudios Educativos e Investigación, Ministerio de Educación.

González, P., A. Mizala, y P. Romaguera. 2002. "Recursos Diferenciados a la Educación Subvencionada en Chile." Serie Economía 150, Centro de Economía Aplicada, Departamento de Ingeniería Industrial, Facultad de Ciencias Físicas y Matemáticas, Universidad de Chile, Santiago.

Grant, S., P. Peterson, y A. Shojgreen-Downer. 1996. "Learning to Teach Mathematics in the Context of System Reform." *American Educational Research Journal* 33 (2): 500–43.

Greaney, V., y T. Kellaghan. 1996. *Monitoring the Learning Outcomes of Education Systems*. Washington, DC: Banco Mundial.

———. 2008. *Assessing National Achievement Levels in Education*. Washington, DC: Banco Mundial.

Greaney, V., S. R. Khandker, y M. Alam. 1999. *Bangladesh: Assessing Basic Learning Skills*. Dhaka: University Press.

Griffith, J. E., y E. A. Medrich. 1992. "What Does the United States Want to Learn from International Comparative Studies in Education?" *Prospects* 22 (4): 476–84.

Gucwa, B., y M. Mastie. 1989. "Pencils Down!" Secretaría de Educación del Estado de Michigan, Lansing. http://www.ncrel.org/sdrs/areas/issues/methods/assment/as6penc2.htm.

Guilfoyle, C. 2006. "NCLB: Is There Life Beyond Testing?" *Educational Leadership* 64 (3): 8–13.

Gvirtz, S., y S. Larripa. 2004. "National Evaluation System in Argentina: Problematic Present and Uncertain Future." *Assessment in Education* 11 (3): 349–64.

Haertel, E. H., y J. L. Herman. 2005. "A Historical Perspective on Validity Arguments for Accountability Testing." En *Uses and Misuses of Data for Educational Accountability and Improvement: The 104th Yearbook of the National Society for the Study of Education, Part 2*, ed. J. L. Herman y E. H. Haertel, 1–34. Malden, MA: Blackwell.

Hambleton, R. K, y K. Meara. 2000. "Newspaper Coverage of NAEP Results, 1990 to 1998." En *Student Performance Standards on the National Assessment of Educational Progress: Affirmations and Improvements*, ed. M. L. Bourque y S. Byrd, 131–55. Washington, DC: Consejo Directivo de Evaluaciones Nacionales.

Hambleton, R. K., y S. C. Slater. 1997. "Are NAEP Executive Summary Reports Understandable to Policy Makers and Stakeholders?" Informe Técnico CSE 430, Centro para el Estudio de la Evaluación, Centro Nacional de Investigación sobre Evaluación, Estándares y Medición del Estudiante, Los Angeles, CA.

Himmel, E. 1996. "National Assessment in Chile." En *National Assessments: Testing the System*, ed. P. Murphy, V. Greaney, M. E. Lockheed, y C. Rojas, 111–28. Washington, DC: Banco Mundial.

Hopmann, S. T., y G. Brinek. 2007. "Introduction: PISA According to PISA—Does PISA Keep What It Promises?" En *PISA Zufolge PISA: PISA According to PISA*, ed. S. T. Hopmann, G. Brinek, y M. Retzl, 9–19. Viena: LIT.

Howie, S. 2002. "English Proficiencies and Contextual Factors Influencing Mathematics Achievements of Secondary School Pupils in South Africa." Tesis doctoral, Universidad de Twente, Enschede, Países Bajos.

Howie, S., y C. Hughes. 2005. "International Comparative Studies of Education and Large-Scale Change." En *International Handbook of Education Policy*, ed. N. Bascia, A. Cumming, A. Datnow, K. Leithword, y D. Livingstone, 75–99. Dordrecht (Países Bajos): Springer.

Husén, T. 1984. "Issues and Their Background." En *Educational Research and Policy: How Do They Relate?* ed. T. Husén y M. Kogan, 1–36. Oxford (Reino Unido): Pergamon.

———. 1987. "Policy Impact of IEA Research." *Comparative Education Review* 31 (1): 29–46.

Kane, T. J., y D. O. Staiger. 2002. "Volatility in School Test Scores: Implications for Test-Based Accountability Systems." En *Brookings Papers on Education Policy, 2002*, ed. D. Ravitch, 235–83. Washington, DC: Brookings Institution Press.

Kellaghan, T., y V. Greaney. 1992. *Using Examinations to Improve Education: A Study in Fourteen African Countries*. Washington, DC: Banco Mundial.

———. 2001. *Using Assessment to Improve the Quality of Education*. París: Instituto Internacional de Planeamiento de la Educación.

———. 2004. *Assessing Student Learning in Africa*. Washington, DC: Banco Mundial.

Kellaghan, T., y G. F. Madaus. 2000. "Outcome Evaluation." En *Evaluation Models: Viewpoints on Educational and Human Services Evaluation*, 2nd ed., ed. D. L. Stufflebeam, G. F. Madaus, y T. Kellaghan, 97–112. Boston: Kluwer Academic.

Kellaghan, T., K. Sloane, B. Alvarez, y B. S. Bloom. 1993. *The Home Environment and School Learning*. San Francisco, CA: Jossey-Bass.

Kirsch, I., J. De Jong, D. Lafontaine, J. McQueen, J. Mendelovits, y C. Monseur. 2002. *Lectura para el Cambio: Desempeño y Compromiso en varios Países: Resultados de PISA 2000*. París: Organización para la Cooperación y el Desarrollo Económicos.

Kulm, G., J. Roseman, y M. Treistman. 1999. "A Bench-Based Approach to Textbook Evaluation." *Science Books and Films* 35 (4): 147–53.

Kulpoo, D., y P. Coustère. 1999. "Developing National Capacities for Assessment and Monitoring through Effective Partnerships." En *Partnerships for Capacity Building and Quality Improvements in Education: Papers from the ADEA 1997 Biennial Meeting, Dakar*. París: Asociación para el Desarrollo de la Educación en África.

Kupermintz, H., M. M. Ennis, L. S. Hamilton, J. E. Talbert, y R. E. Snow. 1995. "Enhancing the Validity and Usefulness of Large-Scale Educational Assessments: I. NELS: 88 Mathematics Achievement." *American Educational Research Journal* 32 (3): 525–54.

Leimu, K. 1992. "Interests and Modes in Research Utilisation: The Finnish IEA Experience." *Prospects* 22 (4): 425–33.

Linn, R. L. 2000. "Assessments and Accountability." *Educational Researcher* 29 (2): 4–16.

———. 2005a. "Conflicting Demands of No Child Left Behind and State Systems: Mixed Messages about School Performance." *Archivos Analíticos de Políticas Educativas* 13 (33). http://epaa.asu.edu/epaa/v13n33/.

———. 2005b. "Issues in the Design of Accountability Systems." En *Uses and Misuses of Data for Educational Accountability and Improvement: The 104th Yearbook of the National Society for the Study of Education, Part 2*, ed. J. L. Herman and E. H. Haertel, 78–98. Malden, MA: Blackwell.

Linn, R. L., y E. Baker. 1996. "Can Performance-Based Student Assessments Be Psychometrically Sound?" En *Performance-Based Student Assessment: Challenges and Possibilities: 95th Yearbook of the National Society for the Study of Education, Part 1*, ed. J. N. Baron y D. P. Wolf, 84–103. Chicago: Sociedad Nacional para el Estudio de la Educación.

Lockheed, M. E., y A. M. Verspoor. 1991. *Improving Primary Education in Developing Countries*. Oxford (Reino Unido): Oxford University Press.

Lovett, S. 1999. "National Education Monitoring Project: Teachers Involvement and Development—Professional Development from NEMP."

Ponencia presentada en la Conferencia de la Asociación de Nueva Zelanda de Investigación Educativa y la Asociación Australiana de Investigación Educativa, Melbourne (Australia), 29 de noviembre al 2 de diciembre.

Himmel, E. 1992. "Dominican Republic: The Study on Teaching and Learning in Mathematics." *Prospects* 22 (4): 448–54.

Madamombe, R. T. 1995. "A Comment on the Analysis of Educational Research Data for Policy Development: An Example from Zimbabwe." *International Journal of Educational Research* 23 (4): 397–402.

Madaus, G. F., y T. Kellaghan. 1992. "Curriculum Evaluation and Assessment." En *Handbook of Research on Curriculum*, ed. P. W. Jackson, 119–54. Nueva York: Macmillan.

Madaus, G. F., M. Russell, y J. Higgins. 2009. *The Paradoxes of High Stakes Testing: How They Affect Students, Their Parents, Teachers, Principals, Schools, and Society*. Charlotte, NC: Information Age Publishing.

Martin, M. O., I. V. S. Mullis, y S. J. Chrostowski. 2004. *The Trends in International Mathematics and Science Study 2003: Technical Report*. Chestnut Hill, MA: Centro de Estudios Internacionales, Boston College.

McDonnell, L. M. 2005. "Assessment and Accountability from the Policy Maker's Perspective." En *Uses and Misuses of Data for Educational Accountability and Improvement: 104th Yearbook of the National Society for the Study of Education, Part 2*, ed. J. L. Herman y E. H. Haertel, 35–54.

McQuillan, J. 1998. "Seven Myths about Literacy in the U.S." *Practical Assessment, Research, and Evaluation* 6 (1). http://pareonline.net/getvn.asp?v=6&n=1.

Meckes, L., y R. Carrasco. 2006. "SIMCE: Simce: Lecciones desde la Experiencia Chilena en Sistemas Nacionales de Evaluación". Ponencia presentada en la conferencia Lecciones Latinoamericanas para Promover la Educación para Todos, organizada por el Banco Mundial y el Banco Interamericano de Desarrollo, Cartagena de Indias (Colombia), 9 al 11 de octubre.

Messick, S. 1989. "Validity." En *Educational Measurement*, 3rd ed., ed. R. Linn, 13–103. Nueva York: Consejo Estadounidense sobre la Educación y Macmillan.

Michaelowa, K. 2001. "Primary Education Quality in Francophone SubSaharan Africa: Determinants of Learning Achievement and Efficiency Considerations." *World Development* 29 (10): 1699–716.

Michaelowa, K., and A. Wechtler. 2006. *The Cost-Effectiveness of Inputs in Primary Education: Insights from the Literature and Recent Student Surveys for Sub-Saharan Africa*. Hamburgo: Instituto para la Economía Internacional.

Ministerio de Educación de la Columbia Británica. 1999. *Interpreting Your District's Assessment Results, 1999*. Victoria: Provincia de Columbia Británica.

Ministerio de Educación de Kuwait. 2008. *PIRLS 2006: Kuwait Technical Report*. Ciudad de Kuwait: Ministerio de Educación de Kuwait.

Ministerio Federal de Educación de Nigeria. 2000. *Education for All: The Year 2000 Assessment*. Abuya: Ministerio Federal de Educación de Nigeria.

Monare, M. 2006. "SA Pupils Rank Last in Maths, Science Study." *Star* (Johannesburgo), 6 de diciembre.

Moncada, G., R. Hernández Rodríguez, M. C. Aguilar, D. Orellana, M. Alas Solís, y B. Hernández. 2003. *Uso e Impacto de la Información Empírica en la Formulación y Ejecución de Política de Educación Básica en Honduras en el Período 1990–2002*. Tegucigalpa: Dirección de Investigación, Universidad Pedagógica Nacional Francisco Morazán.

Mullis, I. V. S., A. M. Kennedy, M. O. Martin, y M. Sainsbury. 2006. *PIRLS 2006: Marcos teóricos y especificaciones de evaluación*. Chestnut Hill, MA: Centro de Estudios Internacionales, Boston College.

Mullis, I. V. S., M. O. Martin, E. J. González, y S. J. Chrostowski. 2004. *Findings from IEA's Trends in International Mathematics and Science Study at the Fourth and Eighth Grades*. Chestnut Hill, MA: Centro de Estudios Internacionales, Boston College.

Murimba, M. 2005. "The Impact of the Southern and Eastern Africa Consortium for Monitoring Educational Quality (SACMEQ)." *Prospects* 35 (1): 91–108.

Murphy, J., J. Yff, y N. Shipman. 2000. "Implementation of the Interstate School Leaders Licensure Consortium Standards." *International Journal of Leadership in Education* 3 (1): 17–39.

Nassor, S., y K. A. Mohammed. 1998. *The Quality of Education: Some Policy Suggestions Based on a Survey of Schools—Zanzibar*. París: Instituto Internacional de Planeamiento de la Educación.

Nzomo, J., M. Kariuki, y L. Guantai. 2001. "The Quality of Education: Some Policy Suggestions Based on a Survey of Schools." Documento de investigación 6 del Consorcio del África Austral y Oriental para el Monitoreo de la Calidad de la Educación, Instituto Internacional de Planeamiento de la Educación, París.

Nzomo, J., y D. Makuwa. 2006. "How Can Countries Move from Cross-National Research Results to Dissemination and Then to Policy Reform? Case Studies from Kenya and Namibia." En *Cross-National Studies of the Quality of Education: Planning Their Design and Managing Their Impact*, ed. K. N. Ross e I. J. Genevois, 213–28. París: Instituto Internacional de Planeamiento de la Educación.

OCDE (Organización para la Cooperación y el Desarrollo Económicos). 2004. *Chile:* Revisión de políticas nacionales de educación. París: OCDE.

Ogle, L. T., A. Sen, E. Pahlke, D. Jocelyn, D. Kastberg, S. Roey, y T. Williams. 2003. "International Comparisons in Fourth Grade Reading Literacy: Findings from the Progress in International Reading Literacy Study (PIRLS) of 2001." Departamento de Educación de EE. UU., Centro Nacional de Estadísticas Educativas, Washington, DC. http://nces.ed.gov/pubs2003/2003073.pdf.

Olivares, J. 1996. "Sistema de Medición de la Calidad de la Educación de Chile: SIMCE—Algunos Problemas de la Medición." *Revista Iberoamericana de Educación* 10: 117–96. http://www.rieoei.org/oeivirt/rie10a07.htm.

Pérez, B. A. 2006. "Success in Implementing Education Policy Dialogue in Peru." Agencia de los Estados Unidos para el Desarrollo Internacional, Washington, DC.

Perie, M., W. Grigg, y G. Dion. 2005. "The Nation's Report Card: Mathematics 2005." Centro Nacional de Estadísticas Educativas, Departamento de Educación de EE. UU., Washington, DC. http://nces.ed.gov/nationsreportcard/pdf/ main2005/2006453.pdf.

Porter, A., y A. Gamoran. 2002. "Progress and Challenges for Large Scale Studies." En *Methodological Advances in Cross-National Surveys of Educational Achievement*, ed. A. C. Porter y A. Gamoran, 3–23. Washington, DC: National Academies Press.

Postlethwaite, T. N. 1975. "The Surveys of the International Association for the Evaluation of Educational Achievement (IEA)." En *Educational Policy and International Assessment: Implications of the IEA Surveys of Achievement*, ed. A. C. Purves y D. U. Levine, 1–32. Berkeley, CA: McCutchan.

———. 1987. "Comparative Educational Achievement Research: Can It Be Improved?" *Comparative Education Review* 31 (1): 150–58.

———. 1995. "Calculation and Interpretation of Between-School and Within-School Variation in Achievement (*rho*)." En *Measuring What Students Learn*, 83–94. París: Organización para la Cooperación y el Desarrollo Económicos.

———. 2004a. *Monitoring Educational Achievements*. París: Instituto Internacional de Planeamiento de la Educación.

———. 2004b. "What Do International Assessment Studies Tell Us about the Quality of School Systems?" Trabajo de respaldo para *Informe de seguimiento de la EPT en el mundo para 2005: El imperativo de la calidad*. Organización de las Naciones Unidas para la Educación, la Ciencia y la Cultura http://unesdoc.unesco.org/images/0014/001466/146692e.pdf.

Postlethwaite, T. N., y T. Kellaghan. 2008. *National Assessments of Educational Achievement*. París: Instituto Internacional de Planeamiento de la Educación; Bruselas: Academia Internacional de Educación.

Powdyel, T. S. 2005. "The Bhutanese Education Assessment Experience: Some Reflections." *Prospects* 35 (1): 45–57.

Pravalpruk, K. 1996. "National Assessment in Thailand." En *National Assessments: Testing the System*, ed. P. Murphy, V. Greaney, M. E. Lockheed, y C. Rojas, 137–45. Washington, DC: Banco Mundial.

Proyecto de la OCDE (Organización para la Cooperación y el Desarrollo Económicos) y el INES (Indicadores Internacionales de Sistemas Educativos), Network A. 2004 "Attention Getting Results." *Review of Assessment Activities* 16 (February–March): 2.

Ravela, P. 2002. "¿Cómo presentan sus resultados los sistemas nacionales de evaluación educativa en América Latina?" Asociación para la Revitalización Educativa en las Américas, Washington, DC.

———. 2005. "A Formative Approach to National Assessments: The Case of Uruguay." *Prospects* 35 (1): 21–43.

———. 2006. "El uso de evaluaciones nacionales para mejorar la enseñanza… y el aprendizaje: la experiencia de la UMRE en Uruguay". Ponencia presentada en la conferencia Lecciones Latinoamericanas para Promover la Educación para Todos, organizada por el Banco Mundial y el Banco Interamericano de Desarrollo, Cartagena de Indias (Colombia), 9 al 11 de octubre.

Reezigt, G. J., y B. P. M. Creemers. 2005. "A Comprehensive Framework for Effective School Improvement." *School Effectiveness and School Improvement* 16 (4): 407–24.

Reimers, F. 2003. "The Social Context of Educational Evaluation in Latin America." En *International Handbook of Educational Evaluation*, ed. T. Kellaghan y D. L. Stufflebeam, 441–63. Boston: Kluwer Academic.

Reynolds, D. 2000. "School Effectiveness: The International Dimension." En *The International Handbook of School Effectiveness Research*, ed. C. Teddlie y D. Reynolds, 232–56. Londres: Falmer.

Reynolds, D., y C. Teddlie. 2000. "The Processes of School Effectiveness." En *The International Handbook of School Effectiveness Research*, ed. C. Teddlie y D. Reynolds, 134–59. Londres: Falmer.

Riley, R. W. 2000. Comentarios preparados para una conferencia de prensa TIMSS-R, Washington, DC, 5 de diciembre. http://www.ed.gov/Speeches/12-2000/120500.html.

Robertson, I. 2005. "Issues Relating to Curriculum, Policy, and Gender Raised by National and International Surveys of Achievement in Mathematics." *Assessment in Education* 12 (3): 217–36.

Robitaille, D. F., A. E. Beaton, y T. Plomp, eds. 2000. *The Impact of TIMSS on the Teaching and Learning of Mathematics and Science*. Vancouver, BC: Pacific Educational Press.

Rojas, C. C., y J. M. Esquivel. 1998. "Los sistemas de medición del logro académico en América Latina." Documento 25 sobre educación, Banco Mundial, Washington, DC.

Rubner, J. 2006. "How Can a Country Manage the Impact of 'Poor' Cross-National Research Results? A Case Study from Germany." En *Cross-National Studies of the Quality of Education: Planning Their Design and Managing Their Impact*, ed. K. N. Ross y I. J. Genevois, 255–64. París: Instituto Internacional de Planeamiento de la Educación.

Rust, V. L. 1999. "Education Policy Studies and Comparative Education." En *Learning from Comparing: New Directions in Comparative Education Research—Policy, Professionals, and Development*, vol. 2, ed. R. Alexander, P. Broadfoot, y D. Phillips, 13–39. Oxford (Reino Unido): Symposium Books.

SACMEQ (Consorcio del África Austral y Oriental para el Monitoreo de la Calidad de la Educación). 2007. Sitio en Internet de SACMEQ http://www.sacmeq.org/.

Scheerens, J. 1998. "The School Effectiveness Knowledge Base as a Guide to School Improvement." En *International Handbook of Educational Change*, ed. A. Hargreaves, A. Lieberman, M. Fullan, y D. Hopkins, 1096–115. Boston: Kluwer Academic.

Schiefelbein, E., y P. Schiefelbein. 2000. "Three Decentralization Strategies in Two Decades: Chile 1982–2000." *Journal of Educational Administration* 38 (5): 412–25.

Schubert, J. 2005. "The Reality of Quality Improvement: Moving toward Clarity." En *The Challenge of Learning: Improving the Quality of Basic Education in Sub-Saharan Africa*, ed. A. M. Verspoor, 53–68. París: Asociación para el Desarrollo de la Educación en África.

Shiel, G., R. Perkins, S. Close, y E. Oldham. 2007. *PISA Mathematics: A Teacher's Guide*. Dublín: Departamento de Educación y Ciencias.

Sindicato de Exámenes de Mauricio. 2003. *Monitoring Learning Achievement: Joint UNESCO/UNICEF Project—A Survey of 9-Year-Old Children in the Republic of Mauritius*. Reduit, Mauricio: Sindicato de Exámenes de Mauricio.

Singh, A., V. K. Jain, S. K. S. Guatam, y S. Jumjar. n.d. *Learning Achievement of Students at the End of Class V*. Nueva Delhi: Oficina Nacional de Investigación y Capacitación Educativa.

Snyder, C. W., B. Prince, G. Lohanson, C. Odaet, L. Jaji, y M. Beatty. 1997. *Exam Fervor and Fever: Case Studies of the Influence of Primary Leaving Examinations on Uganda Classrooms, Teachers, and Pupils*. Washington, DC: Academia para el Desarrollo Educativo.

Stack, M. 2006. "Testing, Testing, Read All about It: Canadian Press Coverage of the PISA Results." *Canadian Journal of Education* 29 (1): 49–69.

Stoneberg, B. 2007. "Using NAEP to Confirm State Test Results in the No Child Left Behind Act." *Practical Assessment Research and Evaluation* 12 (5): 1–10.

Surgenor, P., G. Shiel, S. Close, y D. Millar. 2006. *Counting on Success: Mathematics Achievement in Irish Primary Schools*. Dublín: Departamento de Educación y Ciencias.

Teddlie, C., y D. Reynolds. 2000. "School Effectiveness Research and the Social and Behavioural Sciences." En *The International Handbook of School Effectiveness Research*, ed. C. Teddlie y D. Reynolds, 301–21. Londres: Falmer.

UNESCO (Organización de las Naciones Unidas para la Educación, la Ciencia y la Cultura). 1990. *Declaración Mundial sobre Educación para Todos: Satisfacción de las Necesidades Básicas de Aprendizaje*. Adoptada por el Congreso Mundial sobre Educación para Todos. Nueva York: UNESCO.

———. 2000. *Marco de Acción de Dakar: Educación para Todos: respondiendo a nuestros compromisos colectivos* París: UNESCO.

UNICEF (Fondo de las Naciones Unidas para la Infancia). 2000. "Defining Quality of Education." Ponencia presentada durante una reunión del Grupo Internacional de Trabajo sobre Educación, Florencia (Italia), junio.

Vanneman, A. 1996. "Geography: What Do Students Know and What Can They Do?" *NAEPfacts* 2 (2). http://nces.ed.gov/pubs97/web/97579.asp.

Vegas, E., y J. Petrow. 2008. *Elevar el aprendizaje de estudiantes en Latinoamérica: El desafío para el siglo XXI.* Washington, DC: Banco Mundial.

Wang, M. C., G. D. Haertel, y H. J. Walberg. 1993. "Toward a Knowledge Base for School Learning." *Review of Educational Research* 63 (3): 249–94.

Watson, K. 1999. "Comparative Educational Research: The Need for Reconceptualisation and Fresh Insights." *Compare* 29 (3): 233–48.

Weiss, C. H. 1979. "The Many Meanings of Research Utilization." *Public Administration Review* 39 (5): 426–31.

Wenglinsky, H. 2002. "How Schools Matter: The Link between Teacher Classroom Practices and Student Academic Performance." *Education Policy Analysis Archives* 10 (12). http://epaa.asu.edu/epaa/v10n12/.

Willms, D. 2006. "Learning Divides: Ten Policy Questions about the Performance and Equity of Schools and Schooling Systems." Documento de trabajo 5 UIS, Instituto de Estadísticas de UNESCO, Montreal.

Wolff, L. 1998. *Sistemas de Evaluación de Aprendizajes en América Latina: balance y desafíos".* Washington, DC: Asociación para la Revitalización Educativa en las Américas.

Zhang, Y. 2006. "Urban-Rural Literacy Gaps in Sub-Saharan Africa: The Roles of Socioeconomic Status and School Quality." *Comparative Education Review* 50 (4): 581–602.

ECOAUDITORÍA
Declaración de beneficios medioambientales

El Grupo Banco Mundial tiene el compromiso de reducir su huella ambiental. En apoyo a dicho compromiso, la División de Publicaciones y Conocimiento impulsa las opciones de edición electrónica y la tecnología de impresión por encargo, desde centros regionales distribuidos por todo el mundo. En conjunto, estas iniciativas permiten reducir las tiradas y las distancias de envío, lo que redunda en un menor consumo de papel, menor uso de productos químicos, menores emisiones de gases de efecto invernadero y menor cantidad de residuos.

La División de Publicaciones y Conocimiento sigue las normas recomendadas sobre el uso de papel establecidas por la Green Press Initiative (Iniciativa de Prensa Ecológica). La mayor parte de nuestros libros se imprime con papel certificado por el Consejo de Administración de Bosques (FSC), y el contenido en papel reciclado de casi todos ellos oscila entre el 50 y el 100 por ciento. La fibra reciclada del papel de nuestros libros es o bien sin blanquear o blanqueada mediante procesos totalmente libres de cloro (TCF), procesos de fabricación sin cloro (PCF) o procesos de blanqueo libre de cloro elemental mejorado (EECF).

Puede encontrarse más información sobre la filosofía ambiental del Banco en http://www.worldbank.org/en/about/what-we-do/crinfo.

www.ingramcontent.com/pod-product-compliance
Lightning Source LLC
Chambersburg PA
CBHW060314240426
43661CB00059B/2761